朱彦夫

苏　和

河北承德塞罕坝机械林场

赵亚夫

徐克成

孙波

河南邓州『编外雷锋团』

贾立群

中国国际航空股份有限公司『金凤乘务组』

刘伦堂

湖南长沙望城区公安消防大队

柴生芳

王继才王仕花夫妇

汤庆福

满广志

吴亚琴

马善祥

高德荣

海军372潜艇官兵群体

时代楷模

2014

中共中央宣传部宣传教育局 / 编

学习出版社

目　录

CONTENTS

时代楷模

2014

- ☆ 朱彦夫
- ☆ 苏 和
- ☆ 河北承德塞罕坝机械林场
- ☆ 刘伦堂
- ☆ 湖南长沙望城区公安消防大队
- ☆ 赵亚夫
- ☆ 柴生芳
- ☆ 王继才王仕花夫妇
- ☆ 徐克成
- ☆ 汤庆福
- ☆ 满广志
- ☆ 孙林波
- ☆ 吴亚琴
- ☆ 河南邓州『编外雷锋团』
- ☆ 马善祥
- ☆ 贾立群
- ☆ 高德荣
- ☆ 海军372潜艇官兵群体
- ☆ 中国国际航空股份有限公司『金凤乘务组』

朱彦夫

　　朱君彦夫，山东沂源人也。十四从军，火线入党。战淮海，渡长江，占上海。又赴朝卫国，血战至孤身，残四肢、眇左目，犹呼杀敌。伤后回乡，履职村支部书记，携乡里改天换地，变瘠土为高产良田。开篇撼世，论道辉珠，著《极限人生》《男儿无悔》。其忠诚卓尔，勇毅浩然，令人敬仰也。

 **楹联**

碧血刚肠，塑英雄战士；

丹心铁骨，书极限人生。

（刘太品）

自立自强，拼搏人生极限；

无私无畏，轩昂民族脊梁。

（叶子彤）

 **诗词**

赞朱彦夫

周兴俊

重伤曾使鬼神愁，不肯垂头不认输。

手脚虽失心尚在，胸怀未废爱能无？

改天吃尽千般苦，换地赢得万户福。

日月动容人点赞，身残骨硬朱彦夫！

一位老兵的坚守

◎ 徐锦庚　卞民德

3月的沂蒙山区，春寒料峭。

山路蜿蜒崎岖，我们用了近 20 分钟，才爬上北大梁的一个缓坡。放眼望去，张家泉村红瓦白墙，点缀在几个山坳里。周围山峰松林如帽，山间果树春芽初发。过不了多久，漫山遍野将是桃花烂漫。

57 年前的一个月夜，新任党支部书记朱彦夫，曾经坐在这个缓坡上，俯瞰静思。不远处，横放着他的拐杖和假肢。山上没有路，尽是乱石杂草，朱彦夫爬着上山，滚着下山。

半个多世纪过去了，我们已无从知道，从那夜起，25 年间，无手无脚的朱彦夫在这里摔了多少跟头？添了多少伤痕？但眼前这风景，已分明告诉我们，为什么这么多年来，张家泉人依然想他、念他、敬他。

"光蹲在家里，指手画脚能干好？我不当这种窝囊书记"

2014 年 3 月 18 日，沂源县城。

在朱彦夫家里，我们看到一张泛黄的照片。那是 1960

年，他在给村民作报告。白衬衣，灰裤子，两只残臂抱着几页纸。照片里，27 岁的朱彦夫头发乌黑，面庞俊朗，意气风发，与眼前这位蜷在床上的"肉轱辘"老者判若两人。

在张家泉人眼里，朱彦夫是个了不起的传奇人物：14 岁参军入伍，历经淮海战役、渡江战役、抗美援朝等的上百次战斗；在朝鲜长津湖地区二五〇高地阻击战中，战友全部牺牲，他身负重伤。在昏迷 93 天、历经 47 次手术后，他虽然保住了生命，却失去了双手、双脚和左眼，右眼视力仅 0.3，留下了满身伤疤。可他不愿让国家白养着，坚持从荣军医院回到老家，学会了自己吃饭、上厕所、装卸假肢。

敬重归敬重，选他当支书，张家泉人心里也有顾虑：这样一个重残人，连照顾自己都困难，怎么能当我们的带头人？

老大队长张茂兴忘不了：1958 年夏天，他头一次进朱彦夫家门，惊见一个没手没脚的人，穿着裤衩背心，戴着墨镜，仰面躺在床上，活脱脱一个"肉轱辘"。他心里"咯噔"一下，"张家泉可是出了名的穷村、乱村，一个伤成这样的人，能当好全村的家？"

要是这么轻易被看扁，那就不是朱彦夫。

要脱贫，先脱盲。虽然从没上过学，朱彦夫却特别看重文化。凭着在荣军医院喝的一点墨水，他在村里办起夜校，像模像样当起了老师。夜校离家 2 华里，他天天晚上风雨无阻。有年大雪夜，他上坡时摔了一跤，忍住钻心疼痛，用残肢一点点往夜校挪。乡亲们一路寻来，含泪把他背上讲台。

他的心血没白费，此后各生产队、大队的历任会计，都是夜校的"毕业学员"。

张家泉村不大，才 600 多口人，可支书不好当，朱彦夫干得更累。就说检查生产吧，常人若要看墒情，只需弯腰抓把土，朱彦夫得扔掉拐杖，趴到地上，用残臂划拉半天。考虑到他的身体状况，村干部们劝他

朱彦夫和老邻居们在一起（陶俊峰／摄）

不要出门，村里的事常瞒着他，报喜不报忧。

"光蹲在家里，指手画脚能干好？我不当这种窝囊书记！"朱彦夫瞅个空子，偷偷溜出家门。白天人太多，谁见了都要上前搀一把，他就借着月光去"侦察"。

出了家门，不是上山，就是下坡。没手没脚的朱彦夫，得意地总结出4种走法：站着走，跪着走，爬着走，滚着走。上山不易，下坡更难。屡屡摔跤之后，他干脆把拐杖、假肢往下一扔，双臂抱住脑袋，一个"懒驴打滚"滚到底。

张家泉两山夹一河，耕地零星分布在山坡上，干旱贫瘠，产量很低。一遇上自然灾害，就连年歉收，村民经常填不饱肚子。

朱彦夫拄着拐杖，拖着假肢，一次次爬上南山顶、北大梁，用仅剩的右眼扫遍山山水水。全村7个生产队、6个半山头，都在朱彦夫心里的棋盘上归了位。张家泉的发展，也在他一次次的摔倒和摸爬中有了谱。

"人活着，就得奋斗；奋斗着，就是幸福；奋斗不止，幸福就不断。"

朱彦夫说。

"讲困难，我这个残废都不怕，你们还怕啥"

穿行在桃林间的石砌小道上，若不是老会计张继才提醒，我们真看不出，这一大片层层叠叠、平坦肥沃的林地，就是当年深沟大壑的"赶牛沟"。

那时候，这条沟南北长千余米，最宽处50多米，最窄处也有10余米，沟顶到沟底落差上百米。因为只有牛羊走，所以得名"赶牛沟"。

要脱贫，先改地。朱彦夫打的第一仗，就是改造"赶牛沟"，用石头把沟"棚"起来。上面填土造地，将农田连成片；下面造起涵洞，供汛期泄洪走水。

"仗"还没开打，内部却先打怵。大家心里嘀咕：张家泉壮劳力不过百十号，这块硬骨头啃得动吗？

朱彦夫发脾气了，拐杖敲得地面梆梆响，整个身子猛地立了起来。"不干，沟还会一年年荒下去；整起来，就是咱村的粮囤子。讲困难，我这个残废都不怕，你们还怕啥？"一番话，说得人人面露愧色。

士气鼓起来，发展就有了希望。忙完秋收，张家泉人开进了"赶牛沟"。镢刨锹挖，筐抬车推，一干就是一个冬春。

朱彦夫天天泡在工地上，用两只残臂夹着铁锹，一点一点培土。很多次，朱彦夫干着干着，"扑通"一下摔倒在地。

"我把他背起来，要送他回家，他就用残臂使劲拍打我肩膀，冲着我的耳朵大喊：快放我下来，乡亲们都干着，我能自己回去？"张茂兴说起这段，大嗓门忽然低了下来。

搬了2万多土石方，建成了1500多米长的暗渠，祖祖辈辈荒着的"赶牛沟"，成了平展展的耕地。当年，张家泉就增产粮食5万多斤。连着几个冬春，朱彦夫又带着张家泉人填平了"舍地沟""腊条沟"，增加了 200 多亩耕地。

张家泉，有名无实，是个缺水村。直到 20 世纪 60 年代末，别说浇地灌溉，吃水都是难题。为了挑点水，村民得跑几里山路，去晚了只能舀点泥汤。

地整好后需要水，荒山造林需要水，养家糊口更需要水。水，成了朱彦夫打的第二仗。

数九寒天，张家泉的打井工程热火朝天。打到 10 米多，井底开始见了水。朱彦夫放心不下，非要下到井底去看看。等到大家把他拉上来时，假肢却怎么也卸不下来。

"天气冷啊，棉裤都冻得硬邦邦，脱下来就能竖在地上。残腿磨破了，流出来的血水也结成了冰，把假肢和残腿冻在一块了。"朱彦夫的外甥赵圣贵说，舅舅是个"铁打的汉子"。

如今，张家泉的山上凡是有果树的地方，都能浇上水。清澈甘冽的水，给了这片土地新的生命，让张家泉人多年的梦想成真。

"回看走过的一生，我不相信命，更不相信运。我相信自己的判断，相信党！只要信念不倒，精神不垮，什么都能扛过去！"朱彦夫说。

"为群众，就是守阵地"

张家泉村口，立着一块修路石碑，捐资名单的第一个便是朱彦夫，出资 1000 元。立碑时间是 2004 年春，距朱彦夫卸任村支书已 22 年。

大女儿朱向华说，虽然离开张家泉多年，父亲最喜欢的还是聊村里的人和事。"每当看到电视上有什么致富信息，只要觉得村里能用上，他就写下来，等村里来人就交给他们。"

从 1957 年到 1982 年，朱彦夫干了 25 年村支书。为了群众脱贫致富，这位重残老战士，一直坚守着张家泉这个"阵地"。

"为群众，就是守阵地。怎么守？拼还是不拼，干还是不干，效果不一样，境界更不一样。"朱彦夫的选择，就是一个字——拼！

天气热的时候，朱彦夫的残腿几乎是每走必破。为对付钻心的疼痛，朱彦夫就大声唱歌。"呻吟和唱歌同样是声音，却天壤之别，一个是忧伤，一个是乐观，唱比叹好，笑比哭好，这是验证革命意志的试金石。"在他1965年12月1日的日记里，我们看到了这样一句话。

1971年，朱彦夫开始为张家泉架电而奔波。没想到，这场"仗"整整打了7年。

架电器材短缺，供电部门爱莫能助，沿途村庄不施援手，村里要通电，只能自己想办法买器材。

活人还能让尿憋死？朱彦夫不信这个邪。他利用一切外出机会，到处联系架电器材，原本要两个小时卸一次的假肢，经常一捆就是十几个小时。

"那一年夏天，我到博山采购，为省下住宿钱，晚上我就睡在马路边，卸下假肢当枕头。过路的人很多，时不时就有人停下来，疑惑又同情地看我几眼，胆小一点的远远地站那儿嘟囔一句，'这人真可怜，没儿没女的……'胆大一点的俯身在我脸前扔下几分钱……"

多年以后，在自己的传记文学作品《男儿无悔》中，朱彦夫述说了那次经历。7年间，有太多这样的酸甜苦辣。但终究，两万多公里的奔波，换回了15公里的架电材料。张家泉，也在周边10多个村中第一个用上了电。

"跟着老朱走就是跟着党走。"父老乡亲们不会讲大道理，心里却跟明镜似的，"只要有老朱这股子不要命的劲头，张家泉这块阵地就永远不会丢。"

（2014年4月1日《人民日报》）

乡亲们，怕并爱着他

◎ 徐锦庚　卞民德

妻子陈希永在世时，曾开玩笑说，朱彦夫身上长了"瘆人毛"，谁见了都怕。

这话一点都不夸张。有一回，邻近村庄的两兄弟动了手，谁也劝不住，只好请来朱彦夫。朱彦夫刚一露面，弟兄俩就偃旗息鼓，握手言和。

无论是妻子儿女，还是父老乡亲，对朱彦夫怕在表面，爱在深处。怕他，不是因为他的残躯，而是因为他为人公道、

朱彦夫和村民在一起

铁面无私；爱他，是因为他心里始终装着别人，却唯独没有自己。

朱彦夫："咱家有特等残废这一个'特'字就够了，绝不容许再有一个'特'字——特等公民！"

百善孝为先。朱彦夫是出了名的孝子，他不愿待在荣军医院，一是不想当"寄生虫"，二是为了侍奉娘。吃饭时，娘不动筷子，他不碰碗。说话时，娘嗓门高起来，他头会低下去。

就是这样一个人人跷大拇指的大孝子，却干过两件"大不孝"的事儿。

从荣军医院回村不久，为帮村民扫盲，朱彦夫打算在自家办个图书室。房子腾出来了，买书的钱也凑齐了，可书架却没着落。朱彦夫想来想去，竟然打起了娘的寿材板的主意。那时，农村老人哪怕吃不饱、穿不暖，也要早早备好寿材板。这东西，在老人眼里金贵着呢。朱彦夫刚一张口，老人眼泪扑簌簌地掉："什么都依你，这个不依。"

朱彦夫跟娘斗起心眼，一连几天憋在屋里，不吃不喝，妻子叫他不答，弟弟叫他不理，老娘叫他不应。最后，还是娘让了步。图书室顺利开张，他给娘磕了一个响头。

娘去世时，朱彦夫又干了件不孝的事儿。1975年秋，75岁的老母亲患肝癌晚期。当时，沂源刚开始推行农村殡葬改革。庄稼人祖祖辈辈都是黄土埋身，哪个愿意让一把火给烧了？

老人临终前，拉着儿子的手，千叮咛万嘱咐：千万别把她烧了，要让她入土为安。朱彦夫哭着答应了。

没想到，老人一闭眼，朱彦夫就让老大队长张茂兴去办火化手续。张茂兴不肯去，村里人也说，该让老英雄的母亲土葬。朱彦夫哽咽着蹦出一句话："咱是公家的人，又是党员，咱不带头谁带头！"

张家泉人都记得，送葬那天，朱彦夫用残臂捧着娘的骨灰盒，声泪俱下："娘啊，儿子不孝，对不住您。等儿子到了那边，再去伺候您！"

对自己的亲人，朱彦夫"无情"得近乎残忍。他不止一次对家人说："咱家有特等残废这一个'特'字就够了，绝不容许再有一个'特'字——特等公民！"

打从跟了朱彦夫，妻子陈希永就没享过福。上有老婆婆，下有6个孩子，加上照顾朱彦夫，她天天忙得团团转。朱彦夫当上支书后，陈希永的活儿更多了，但生产队里她几乎没缺过勤，就是怀孕期间也没落下。

"母亲是日照海边长大的，不会推独轮车，常常连人带车翻到一边。"儿子朱向峰打小就看见，母亲没有闲的时候，"后来才明白，不是父亲不心疼母亲，而是要给乡亲们一个交代，在乡亲们面前说话有底气。"

乡亲们："他是俺们的贴心人，也是俺们的恩人！"

在张家泉，若说家家户户都受到过朱彦夫的帮衬，一点不夸张。那年月，谁家吃不上饭了，朱彦夫就让妻子把口粮送过去；谁家有人生病了，他就拿出自己的伤残金接济……

说起朱彦夫的帮助，65岁的张吉才滔滔不绝。他们两家院子只隔一道矮墙，家里有啥好吃的，朱彦夫就让妻儿给他家送去，或者干脆隔着墙头喊一嗓子递过去。张吉才的孩子和父亲患病时，朱彦夫多次上门探望，并给张家留下钱。"他照顾俺的面子，说是借给俺用。后来家里条件好转，俺几次还钱，他怎么都不要。"

国家对伤残军人一直有照顾，年年都向朱彦夫供应红糖、白面等物品，朱彦夫转手就送给村里的老人和困难户，家人却难得尝到一口。

12

张家泉人都知道，凡是朱彦夫家里有的，村里几乎家家都会有；村里家家都有的，朱彦夫家里未必有。

由于要照顾朱彦夫，陈希永很少回娘家。有一年她回日照老家探望老人，回来时捎了两大筐咸鱼。那个年代缺吃少喝，沂源又是山区，这样的美味难得见到，6个孩子馋得直流口水。

朱彦夫一看乐了："快过中秋节了，村里啥都没有，正好把咸鱼分给大家过节。"他让妻子把咸鱼分成58份，每份大小搭配3条，留下一份给娘和孩子们尝尝鲜，其余57份给各家送去。送到最后却傻了眼：少算了一户。陈希永只好从家里那份中取出两条大的，送到了最后一户蔡明显家里。

那年中秋节，家家户户飘着鱼香，朱彦夫一家9口围着一条小鱼，谁都不舍得动筷子。

大女儿朱向华还记得，20世纪60年代闹饥荒，家里来了4个讨饭的。"就住在我们家里，有一次母亲擀了面条，分量不多，讨饭的正好回来，母亲就让他们上桌吃面条，我们几个小孩只好啃地瓜干，心里可委屈了。"

朱彦夫对父老乡亲的爱，丝毫不输于对家人的爱。"他是俺们的贴心人，也是俺们的恩人。"这句话，正是父老乡亲给朱彦夫最好的评价。

儿女们："有父亲在，谁也别想占集体的便宜！"

"不管怎样，我不能抱任何侥幸心理，别人指出的灰尘要洗，别人不指出，自己要经常照照镜子，透视一番、化验一番，主动把灰尘洗掉。"这是1965年9月30日，朱彦夫在日记里写的一段话。

看到这段日记，我们会心地笑了：多么熟悉的字眼！与习近平总书记说的"照镜子、正衣冠、洗洗澡、治治病"的话十分相近。

　　朱彦夫行动不便，经常在家里办公，只要是公社或者县上来人，他就在家里招待，钱都来自朱彦夫的伤残金，从来没到村里报销过。

　　有时家里没钱了，朱彦夫也不让妻子到村里支，只管摆摆手臂。陈希永明白，这是让自己赶紧去准备饭菜，至于怎么弄出来，朱彦夫可不管。知道丈夫的脾气，陈希永麻利出门赊来肉和菜。

　　担任村支书25年，朱彦夫从没拿过村集体好处，更没吃过群众一顿饭。张家泉唯一吃着"国库粮"的朱彦夫一家，却成了全村欠债最多的户。

　　朱彦夫的家教，在张家泉也是出名的严。四女儿朱向欣6岁那年，跟奶奶到山上拔猪草。生产队的一位大婶瞧见了，随手掰了4个玉米棒，非要让小向欣尝个鲜。

　　事后朱彦夫勃然大怒，逼着小向欣把玉米送回去。"我觉得没偷没抢的，干吗要送回去啊，父亲的拐杖敲得当当响，说'集体的东西，谁也不能占便宜'，我只好哭着把玉米送了回去。"

　　在农村，婚丧嫁娶随份子是常事。谁家有红白喜事，朱彦夫和妻

朱彦夫给孩子们讲张家泉村的创业史（陶俊峰／摄）

14

子从来没落下。为了不让村民送礼，朱家6姐弟结婚却成了秘密，没人知道是哪天的事，更别说随份子。朱向峰结婚前，女方父母听说亲家不让摆酒席，觉得没面子，不同意。朱向峰灵机一动，教未婚妻一招：在家里光哭不吃饭。做父母的心疼闺女，只好遂了他们的意。

是铁汉，却也最柔情。姐弟几个开始不理解父亲，直到成家立业、为人父母后，才慢慢读懂父亲藏在心底的爱。

从1987年起，无手无脚的朱彦夫用嘴咬着笔、用残臂抱着笔，耗费7年，用去约半吨稿纸，写成33万字的自传体小说《极限人生》。1996年7月，朱彦夫拿到书那天，在扉页上写下所有牺牲在朝鲜战场的战友名字，双膝跪地将其点燃，告慰战友们的在天之灵。他又把6个儿女召集到身边，在书的扉页上签上自己名字。"以前一心只顾村里事，对你们关心不够，连结婚都没有像样的东西。这本书算是爹给你们补的嫁妆吧！"

2010年，照顾朱彦夫一生的陈希永去世。朱彦夫不顾风俗，坚持给老伴披麻戴孝，几天没吃没喝，哭声撕心裂肺。"老陈啊，你可别撇下我走了。你等着我，我很快就去了，咱俩再一起生活。"

朱向华边说边流泪："父亲说他一辈子只做了3件事——'枪杆子、锄杆子、笔杆子'，但每一件事对他来说都特别不容易。现在他年事已高，身体也大不如前，只希望他能多活几年，多让我们尽尽孝心。"

（2014年4月2日《人民日报》）

短 评 DUANPING

信念撑起生命之脊

14岁参军入伍，历经淮海战役、渡江战役、抗美援朝等上百次战斗；17岁受伤致残，昏迷93天，动过47次手术，失去双脚、双手、左眼，右眼视力仅0.3。作为一个有功之臣、重残之人，朱彦夫本可躺在荣军医院安享优抚，靠国家养活一辈子，让别人照顾一辈子。

然而，他却拖着重残之躯，在长达25年的光阴中，带领父老乡亲栉风沐雨，治理荒山，兴修水利，把一个穷村改造得焕然一新；在长达7年的光阴中，文盲出身的他，用嘴咬着笔、用残臂抱着笔，用掉约半吨稿纸，出版33万字的自传体小说《极限人生》，被誉为"中国的保尔·柯察金"。

是什么，驱使着朱彦夫如此自强不息、冲锋不止，用有限的生命书写生命的极限？是什么，激励着年已八旬的耄耋老人，到今天依然保持着旺盛的生命力？

是坚强的信念。朱彦夫说过，"只要信念不倒，精神不垮，什么都能扛过去！""人活着，就得奋斗；奋斗着，就是幸福；奋斗不止，幸福就不断。"……这些铿锵有力的话语，就是这位老共产党员的坚强信念。

凭着这坚强的信念，功臣朱彦夫拒绝舒适的"寄生生活"，不向命运低头屈服；凭着这坚强的信念，党员朱彦夫不断为父老乡亲谋福祉；凭着这坚强的信念，老兵朱彦夫顽强冲锋了一辈子，支撑起他脆弱却又坚强的生命之脊。

（2014 年 4 月 1 日《人民日报》）

苏 和

小传

　　苏和，内蒙古额济纳旗蒙古族人也。心系桑梓，回乡造林。居荒漠，斗狂沙，地远苗纤，水缺风大，其艰难困苦自不堪言。倾家财卅万，躬耕一十年，植树三千亩。尝曰："众皆可去，唯吾不可。吾祖土尔扈特，东归祖国，植根于此，是为不移。"世人敬其志，以沙中梭梭树喻之。

楹联

有志伏沙，大漠植春行老骥；
无私报国，中华立范效愚公。

（黄　武）

大漠胡杨，敢教沙原飞绿韵；
人民赤子，还从公仆鉴丹心。

（卢　晓）

诗词

小重山·苏和赞

宋彩霞

辟地开荒创异香。漠中沙煮面、小平房。

淘来雪水溉焦黄。迎严暑，披冷月、斗风霜。

莫问为谁忙。人生真价值、铸辉煌。

践行宗旨凤鹏翔。梭梭梦，戈壁绽、最芬芳。

把绿色种进大漠

◎ 吴 勇

劳作中的苏和（王靖／摄）

张皱纹如刀刻的黝黑面孔，一头杂乱但倔强的如雪白发，一双满是伤痕的粗糙大手……在内蒙古阿拉善盟额济纳旗漫无边际的大漠中见到苏和，谁都想不到，眼前这个攥着铁锹、衣着朴素、面容和善的古稀老人是一位正厅级退休老干部。10 年来，苏和老人和老伴在渺无人烟的沙漠中安家、造林，使昔日满眼黄沙的不毛之地，变成了如今一眼望不到头的梭梭林。

始终如一日的十载坚守

"黑城不能在我们这辈人手上消失"

汽车驶出额济纳旗城镇，沿着小路向黑城进发，40公里路，车窗外满是荒凉的沙丘，没有一处人家。走到近前，沙窝中才蓦然闪现出一幢孤零零的小平房，这就是苏和跟老伴德力格生活了10年的家。门没上锁，几件极其简单的家具道出老两口生活的朴素。在漫无边际的大漠中见到苏和，谁都想不到，眼前这个攥着铁锹、衣着朴素、面容和善的古稀老人是一位正厅级退休老干部。

2004年，57岁的苏和主动向组织申请，辞去阿拉善盟政协主席职务，从盟委所在地阿拉善左旗回到700公里外的老家额济纳旗，在大漠中的黑城遗址旁植树造林，拿出自己多年的积蓄，在黑城脚下盖起了三间平房，在沙漠扎下了根。

4月，苏和迎来了一年中最重要的季节——种植梭梭新苗、为前两年种下的梭梭浇水、为下一年的栽种做育苗准备……工作都要在短短的一个多月内完成。老人忙得不可开交，采访就在劳动中进行。

布好长长的几条灌溉水管，合上电闸，水泵开始发出低沉的鸣叫。不一会儿，水上来了，扁平水管立刻被撑得圆鼓鼓的，水仿佛有生命似的在水管中窜向远处。看着汩汩清泉欢腾地从管口奔出，滋润着滚滚黄沙中干渴的梭梭苗，苏和老人露出了阳光般灿烂的笑容，"在沙漠中种树，最难的是水。自然条件不好，人能克服，但没有水，种下去的苗就活不了。"

苏和选择植树的黑城遗址是一座有着近千年历史的西夏古城，沙化严重。他回忆说，几十年前，这附近林草茂密，胡杨、红柳密得骆驼进去都找不见，可20世纪五六十年代后，生态日趋恶化，大片植被枯死，风沙天气越来越多，额济纳旗甚至成了沙尘暴的策源地。"黑城周围风刮过来的沙子堆得和城墙一样高，眼看都要被埋掉了。我当时有个想法，黑城不能在我们这辈人手上消失。"苏和说。

10年前，为防止骆驼吃掉植物幼苗，苏和将2.3万亩沙漠围上围栏，开始用水车拉水种植梭梭，绿化沙漠。10年间，苏和在沙漠上打了8眼井用于浇灌，他和老伴亲手种的梭梭林也一点点扩大，达到了3000亩。10年后，最初在房后种植的两棵胡杨长成了大树，人却累弯了腰。老人被太阳和风沙磨砺过的坚毅的脸上已刻满皱纹，满是伤痕的大手上，老茧褪了一层又一层。经过多年的努力和试验，苏和总结出一套行之有效的抗旱栽植技术，以抗旱性强的梭梭作为主要栽植树种扩大植被面积。他种植的梭梭林已成为阿拉善盟面积最大的人工梭梭林之一。

像一棵梭梭在播撒种子
他能让牧民自愿加入到种植队伍中

在额济纳旗，说到苏和，周边农牧民都会竖起大拇指由衷地称赞。

"苏老曾担任过我们额济纳旗旗长、旗委书记，但不论谁跟他打交道，都感觉他和我们普通牧民一样。"吉日格郎图嘎查牧民满都格日勒是在苏和的带动下种植梭梭的。她总结说，之所以会自愿在沙漠上搞绿化，一方面是苏和的榜样力量，但更重要的还是苏和的"办法多"。他能让牧民自愿加入到种植队伍中。

"阿拉善盟境内有乌兰布和、巴丹吉林、腾格里3座大沙漠，单凭一个人的力量治理沙漠就好比愚公移山，但如果大家都能参与进来，状况就不一样了。"苏和说。

最初，苏和种植梭梭缺少人手，就雇用周边牧民来帮忙。育苗、栽种、管护、病虫害治理、灭鼠、防野兔……他把自己多年摸索的经验毫无保留地传授给其他牧民。牧民为苏和干活有了额外收入，同时也学到了种植梭梭的技术。"第二年，苏老送给我们一些梭梭苗，让我们回去在自家周围种，把门前环境弄好一点。我们的梭梭种活了，苏老又给我们找来苁蓉种子，让我们种在梭梭的根部。苁蓉是名贵的中草药，长成后牧民们又多了份收入。有了经济利益，自愿在沙漠里种梭梭的牧民越来越多，生态一点点地改善了。"满都格日勒说，现在仅吉日格郎图嘎查就已种植梭梭林 2000 多亩。

目前，在额济纳旗，大约有 300 户牧民在苏和的带动下开始种植梭梭。"苏和就像一颗在沙漠中顽强生存下来的梭梭。他打下的梭梭种子又在四周生根发芽，长成了一片片梭梭林。沙丘不再像过去那样肆意流动了。"跟随苏和多年的龚殿成告诉记者。

每一棵植物都是他的孩子
保证成活率付出的辛苦比种下它要多得多

烈日下，苏和用铁锹将没能成活的梭梭从沙土中挖出来。补种新的幼苗时，他总是跪在地上用手小心地培好沙土，再拉过水管浇水。"这是去年种下去的，今年成活了一大半，还是水有点跟不上。头 3 年如果能每年浇 2 次水，成活率就会大大提高。3 年下来，扎根的深度就差不多了，可以'断奶'了。"

每种下一棵树苗，苏和会用旧衣服仔细地裹住树干。"裹衣服是怕兔子和老鼠吃，这几年生态有改善了，沙漠里的兔子多了，鼠害也猖獗了。"种下一棵苗，苏和用粗糙的大手摩挲着树干，像是在表达对孩子的爱怜，"每棵树都是有生命的，像我的孩子一样，总希望它苗壮成长。在沙漠里种一棵植物容易，最难的是后期维护，保证成活率付出的辛苦比种下它要多得多。"

3000 亩梭梭林，日常维护要花去极大的精力。沙漠的春天，3 天 2 场风，

苏和的梭梭林（王靖／摄）

出门一趟，口鼻衣领就塞满沙尘；夏天，沙漠中的气温高达40摄氏度以上，老两口经常顶着似火的骄阳干活，但苏和却对这一切习以为常。

近几年，水的问题解决了，但其他问题又接踵而至。沙漠中人迹罕至，嗅到绿色气息的牲畜频繁光顾，老鼠也在这里筑巢，不断偷啃新长出的梭梭树。苏和每天除了浇水，还要进行巡护和灭鼠。这对于年轻人来说都是一件很困难的事，但苏和做到了，他坚持每天巡视，风雨无阻。

如今，年近七旬的老人也开始想着自己干不动时，梭梭林的出路。"交给有责任心的单位或人。"苏和只有一个想法。

"但眼前，我父亲的想法还多着呢！他想打井，想扩大梭梭面积，想育更多的梭梭苗，想带动更多人到沙漠种梭梭……我们全家老小一到放假就要来这里帮他干活。只要是种树方面的事，我们都得听他的。"苏和的儿子虎庆告诉记者。

2013年，看到苏和日益劳累，德力格买了一只奶羊，给苏和补充营养。"这10年不知不觉就过来了。他想给家乡作点贡献，我们一家的想法就是让他好好保养身体，多干几年……"德力格说。

（2014年4月30日《人民日报》）

短 评 DUANPING

让生命绽放绿色

退休了，一头勤奋的老牛卸去了拉车的绳套，却没有选择休息。苏和退休后原本可以居食无忧，颐养天年，但他却选择到生态环境最恶劣的沙漠安家，只为家乡增添一片绿色。

在风沙肆虐中，一位白发苍苍的老人微笑着劳动生活了 10 年，克服劳累的同时，也忍受着常人难以忍受的寂寞。10 年过去，他用实际行动向日益恶化的环境发起了挑战，风沙没能吞噬他坚强的身影。苏和老人坚守黑城治沙植树的感人事迹在阿拉善大地上广为传颂，在其带动和感召下，一个个致力于改变家乡面貌的企业实体和个人行动起来，额济纳旗生态环境正在逐渐发生变化。

老骥伏枥，志在千里。年近古稀的苏和老人，仍在用信念坚守理想，用生命谱写赞歌。他常说："我是一名共产党员，在我的有生之年多栽几棵树，就能给额济纳的后人留下一个好环境。"作为一名永不退休的共产党员，苏和老人时刻牢记使命，永葆公仆本色，用实际行动践行党的群众路线，成为年轻人学习的时代楷模。他的身影如同额济纳旗千年的胡杨树，执着、坚韧、顽强、不屈，而又永不言弃……

（2014 年 4 月 30 日《人民日报》）

河北承德塞罕坝机械林场

河北塞罕坝机械林场者，集生态公益林建设、商品林经营、自然保护和森林旅游于一身，乃当今世界面积最大之人工林地、京承之生态屏障也。其一代代林场人牢记使命、不畏牺牲，秉承艰苦创业、迎难而上之拼搏精神，恪守一心为民、无私奉献之高尚情操，历五十二载艰辛，治沙造林百万余亩，遂还"高岭"以美丽、"围场"以佳境，创"沙漠变绿洲、荒原变林海"之人间绿色奇迹！

楹联

力退沙荒，誓教京津风染绿；
魂凝林莽，更追梦想业飘红。

（孟广祥）

会战造林，万般心泉滋大漠；
屏沙固土，无边绿色筑长城。

（蒋有泉）

诗词

望海潮·塞罕坝机械林场赞歌

潘 泓

天鹅游戏，黄羊追逐，桦杉比美乔松。

生态乐园，休闲胜地，泉溪草甸云峰。

人在画图中。晚霞旭日里，吹过清风。

坝上南瞻，京津燕蓟尽晴空。

回思千万愚公。让青春接力，汗水交融。

屏障展延，尘沙败退，功铭三代英雄。

信念在心胸。便锄挥坚韧，力量无穷。

理想斑斓，已是叶绿与花红。

荒原上筑起绿色长城

◎杨 柳

塞罕坝机械林场位于河北省承德市围场境北，在这片 140 万亩的土地上挺立着 112 万亩、世界面积最大的人工林。这个巨大的森林生态系统，每年为京津地区净化输送清洁淡水 1.37 亿立方米，固碳 74.7 万吨，释放氧气 54.5 万吨。最近 10 年，北京春季沙尘天数减少了七成多。

1962 年以来，河北塞罕坝机械林场三代人同土地沙化顽强抗争，在荒原筑起了为京津阻沙源的绿色长城。

艰苦创业阻沙源

塞罕坝曾是"飞鸟无栖树、黄沙遮天日"的高原荒丘。当时，海拔 1400 米的浑善达克沙地，距北京仅 180 公里。1962 年，林业部决定在这里建立直属国营林场，由此拉开了塞罕坝三代人育林锁沙的创业之幕。

这一年，一支平均年龄不到 24 岁的建设队伍来到林场。林场老书记王尚海，把爱人和 5 个孩子从承德市搬到坝上；副场长张启恩也带着爱人和 3 个孩子举家从北京迁到坝上。

住的是临时搭建的草窝棚、马架子和新挖的地窖子，吃的是窝窝头、莜面就咸菜，喝的是雪水，369名干部职工当年栽下近1000亩树苗，第二年又造林1240亩，可是连续两年成活率都不足8%。

要想在塞罕坝造林成功，必须自己育苗。塞罕坝人攻克了高寒地区引种、育苗、造林等一系列技术难关。1964年，千亩机械林根植地下，成活率高达95%。通过50多年的艰苦努力，塞罕坝以只占河北2%的林地面积，培育了河北省10%的森林蓄积。

无畏坚守护好绿

塞罕坝百万亩林海来之不易，为了看护好这片绿色，林场积极加强防火扑火体系建设，防火瞭望员每年有七八个月驻守在山顶的望火楼上。54岁的赵福洲和妻子陈秀玲在这里一干就是30年。

即使条件艰苦，陈秀玲说她从不后悔当初的选择，儿子如今也是林场扑火队员。为了做好防火瞭望员的工作，在望火楼驻守的很多家庭都作出了巨大牺牲。52年来，塞罕坝机械林场没有发生过一起森林火灾。

海拔高、气温低、气候变化剧烈，职工医疗、孩子就学条件差，文化生活单调。然而，他们以坚定的信念和坚强的意志，始终坚守在这里。

代代传承精神在

在52年的发展历程中，塞罕坝林场曾经多次陷入困境。1963年造林失败，几万亩耕地大减产；1977年50多万亩的森林遭遇冰冻；20世纪80年代十几万亩林地遭受严重干旱……一代代塞罕坝人接过老一辈手中的接力棒，将治沙造林进行到底。

"80后"于士涛是保定人，从小生活在平原地区的他，2005年大学一毕业就扎进塞罕坝，开口闭口都是"林子"。他说："我的专业在这里，离开这儿，就像树没了根儿！"在他的感召下，相恋多年的女友2011年林学院硕士毕业后，放弃北京优越的工作，也"投靠"了塞罕坝。

近年来，塞罕坝机械林场开启了二次创业的新征程，他们在荒山沙地、贫瘠山地、石质荒山展开攻坚造林战，坚持科技兴林，多项科研成果获国家、省部级奖励，部分成果填补了世界同类研究空白；坚持创新发展，主动降低木材蓄积消耗，将一度占全部收入90%以上的木材产业比重降到41.6%，森林旅游、绿化苗木、风电等绿色经济收入逐渐占据了半壁江山。

今天的塞罕坝，有职工1972名，1500多户在县城有了自己的楼房，老人孩子在城里安居，职工在岗位乐业。"河的源头，云的故乡，花的世界，林的海洋，摄影家的天堂，创业者的战场。"人们如今这样形容塞罕坝，著名作家魏巍则写下了这样的诗句："万里蓝天白云游，绿野繁花无尽头。若问何花开不败，英雄创业越千秋。"

（2014年5月1日《人民日报》）

塞罕坝之歌

◎ 王国平　耿建扩　周洪双

　　"老天虽无情，也怕铁打汉。满地栽上树，看你变不变"

　　——为了固沙源、捍水源，王尚海、"坝上六女"、曹国刚、孟继芝誓向沙地要绿色

历史上，塞罕坝曾是"美丽高岭"，林木茂盛，郁郁葱葱，"落叶松万株成林"。但是，由于过载、过牧、匪灾、火灾，塞罕坝生态环境日益恶化，新中国成立初期已是一片荒漠。

　　巴丹吉林、腾格里、乌兰布和、库布其沙漠和毛乌素、浑善达克、科尔沁沙地，呈扇形聚拢，形成3000多公里风沙线，对新中国的首都"虎视眈眈"。

　　警钟敲响！与北京直线距离只有180公里的浑善达克沙地海拔1400米左右，而北京海拔仅40米左右。

　　"有人形容，如果这个离北京最近的沙源堵不住，那就是站在屋顶上向院里扬沙。"作家李春雷在报告文学《塞罕坝祭》中写道。

当年机械造林现场

首都告急！

1962 年，原林业部紧急从全国 18 个省市的 24 所大中专院校调配 127 名毕业生，和当地 242 名干部工人一起，组建塞罕坝林场，号令向沙地进军。

"改变当地自然面貌，保持水土，为减少京津地带风沙危害创造条件。"原国家计委在批准建场方案时，以共和国的名义发出这 27 字号召。

这 27 个字，是期许，更是方向。塞罕坝人铭刻于心，开始了感天动地的创业之旅。

林场首任党委书记王尚海之前在承德市区工作。接到调令，他二话不说，毅然带领一家人上山，不给自己留任何后路。

然而，第一年造林失败，成活率不足一成。

"不是树的问题，而是人的问题！"在这片土地上打过游击的王尚海不信邪，重新搬出"集中优势兵力，各个歼灭敌人"的作战方针，第二年 4 月，他率领精兵强将，在一个叫马蹄坑的地方连续奋战 3 天。

天太冷了，气温在冰点以下，"每个人的雨衣外面都溅满了泥浆，冻成了冰甲，走起路来，咣咣直响，像一个威武的将军"。

被窝成了"冰雪窝"，硬如铁，怎么睡？王尚海和同伴有的是办法：把砖头和石头扔到火堆里，烧一阵子，再搬进被窝。

仅仅过去 20 天，马蹄坑"活"了过来，遍地一片嫩嫩的绿色。

塞罕坝再度燃起了希望。王尚海来不及抹一把幸福的泪，又开始了新一轮的"战略部署"。

如今，遵从他生前的意愿，马蹄坑成了他的长眠之地，一片茂密的"尚海林"镌刻着他的钢铁意志。

王尚海成了塞罕坝的一面旗帜。在他的周围，汇聚着一群可爱的战友。

几个女娃娃自愿加入了他们的队伍。

1964 年，承德二中一个宿舍的 6 位女学生，晚上在寝室卧谈，畅

林场创业者当年住过的地窨子

想如何奉献自己的热血青春。19 岁的陈彦娴想起，自己的邻居就在塞罕坝林场工作，干得热火朝天。众姐妹来了兴致，集体给林场写了一封请愿信，誓言将青春献给塞罕坝的壮丽事业。

林场郑重地向她们招手。姐妹六个欢呼雀跃，放弃高考，奔赴坝上，书写了"六女上坝"的传奇。

陈彦娴依然记得，从承德到塞罕坝，200 公里的路程，她们整整颠簸了两天。到了目的地，发现这里没有几间房子，到处都是半人多高的野草。

环境的艰辛超乎想象。比如，10 月份挑选树苗，苗棚四面透风，还要在泥潭里作业，"我们穿着棉袄，冻得一个个直打冷战，手都冻肿了，裂了口子，钻心地疼。就在这样的环境下，我们在选苗棚里一坐就是一天，每人平均每天都选上万棵苗子。收工时，腿都不听使唤了，站不起来，腰也直不起来，整个人就像僵住了一样，好半天才能动"。陈彦娴发现，当时跟自己一起在苗圃里工作的人，后来不是罗圈腿就是风湿病。

对于自己当初选择扎根塞罕坝，如今在家享受天伦之乐的陈彦娴并不后悔，"因为这里是我梦想开始的地方"。

曹国刚也将自己的梦想托付给了塞罕坝。

生于 1940 年 7 月的他，是辽宁沈阳辽中县血性汉子。既来之，则安之，塞罕坝就是家了。

曹国刚平生最大的心愿是把油松引上塞罕坝，丰富林场的树种结构。于是，他半辈子的心血就花在这件事上。善于借助"外脑"的他，还邀请北京林业大学的专家一道联合攻关。

可惜，身体不由人。他咬紧牙关攻克技术难题，疾病却紧紧"咬"住他不放——他患上了肺心病，呼吸困难，心肺衰竭。

说话都成了问题。他就用笔写，写自己获取的经验，写进一步的设想，写内心的愿望，写到满头大汗还是不肯停歇。

"我不服气。这是我最大的心事，最大的遗憾！"没有亲眼看见油松在塞罕坝上扎根，他心有不甘，泪水浸透了纸张。

弥留之际，他喘息沉重，脸色发紫，眼睛却依然瞪着。妻子了解他的脾性，哭着喊："你放心吧，我还让孩子搞林，把油松引上塞罕坝！"

七尺男儿这才缓缓地合上了双眼，年仅 50 岁……

想起自己的这些老伙计，孟继芝觉得自己是庆幸的。

1963 年冬，他负责次生林的越冬防火瞭望工作。12 月 14 日，大雪纷飞，地面上的积雪已经超过一尺，火警解除，可以回家过个安稳年了。

但是，下山途中，暴雪肆虐，狂风乍起，他迷路了。被救起时，双腿发黑，已经坏死，不得不马上截肢。19 岁的他开始了与轮椅相伴的漫漫人生。

如今，年届七旬的他笑言自己运气不错，因为一同上山的战友，去世时平均年龄只有 52 岁。

笑声戛然而止，泪水默默地流。

这一代人，秉承"先治坡、后治窝，先生产、后生活"的原则——

林场创业者当年住过的窝棚

住的是草窝棚、地窨子；吃的是黑莜面窝窝头，就着咸菜；喝的是雪水，脏不脏顾不上……但是，他们没有却步。

"渴饮沟河水，饥食黑莜面。白天忙作业，夜宿草窝间。雨雪来查铺，鸟兽绕我眠。劲风扬飞沙，严霜镶被边。老天虽无情，也怕铁打汉。满地栽上树，看你变不变。"

平易的诗行，盛满了一代人的壮志豪情。

英雄的故事在塞罕坝处处传扬，成为后来者的人生指引。"这里的每一棵树都浸染着上辈人的心血，来之不易。他们的精神永不磨灭，值得我们学习。"塞罕坝林场下属的第三乡林场场长张利民说。

李建林、孙占林、李大林、钱森森、刘时塞……如今，塞罕坝人在给孩子取名字时，喜欢融入"林""树"和"塞罕坝"的元素，希望给他们的人生盖上一个重重的戳印。

接力棒，稳稳传递。

"走在大街上，平时喊你一声哥哥的，这时候不自觉地喊叔叔了"
——赵福洲夫妇、邓宝珠、朱凤恩艰苦奋斗底色犹存

俗话说："前人栽树，后人乘凉。"但新一代塞罕坝人没有躺在前人的功劳簿上睡大觉。

"三分造，七分管"的理念在塞罕坝深入人心。其中，防火被视为关乎林场存亡的生命线，这里的孩子看到一个燃烧着的烟头都会抢着去踩灭。

天桥梁望火楼好比一个边防哨所，人迹罕至，几乎与世隔绝。放眼望去，整个世界除了白白的雪，就是高高的树，门口红红的对联平添了一抹色彩。

看到记者来，瞭望员赵福洲先是一愣，随之笑容漾在脸上——整

个春节，他和妻子陈秀玲都是在山上度过的，难得有人登门。

这是一栋5层的小阁楼，单层面积不到10平方米。一部手机搁在窗户边，"捕捉"微弱的通信信号。窗外支着太阳能板，用电要看太阳的"脸色"。晴天还好，可以看看电视；如果是阴天，只能干坐着，偶尔的惊喜是听到野生小动物路过的声音。

望火楼的顶层宛如一个天然的大冰柜，窗户被冰雪罩得严严实实。赵福洲手持小铁棒，奋力刮去窗玻璃上的冰层，拿起高倍望远镜四处观察。

他的工作就是每15分钟登高瞭望一次，看看是否有哪里冒烟了。就是没有情况，也要用固定电话向场部报个平安，这叫"零报告"。多年的锤炼，使他一眼就能区别是烟还是雾，也知道四周远近的各个方位是哪座山哪道岭，俨然一台"人工定位仪"。

2013年4月30日，赵福洲及时报告了火情，并确定起火地点在围场县西山。整套的应急机制旋即启动，为火灾的快速扑灭赢得了时间。

其实，这里留下过他的辛酸记忆。1984年冬，大雪封山，怀孕7个月的妻子陈秀玲在刷洗水缸时，肚子不小心被重重地硌了一下，瘫倒在地。他当即向场部求救，但是风雪太猛烈了，直到15个小时后陈秀玲才被送到医院。孩子只活了一天半，夭亡了。

哭过，痛过，两口子依然坚守。有时难免拌上几句嘴，但很快就和好了。"找不到人说话，还生个啥气。"陈秀玲笑道。

"闹啥不是个闹呀！这辈子就跟大火干上了。"54岁的赵福洲说得轻松。

"闹"，是塞罕坝人的口头禅，干脆，豪气。但他们不是"瞎闹""胡闹"，而是有自己的章法。

经过几代人的艰辛劳作，塞罕坝上能植树的地方基本上都有树木安家。"肉都吃光了"，好一点的"骨头"也啃完了。哪里还有空间？

塞罕坝人说："那就啃硬骨头！"

石头之间也可以种树！一身农民装束的技术员邓宝珠一手拿铁锹，一手拿树苗，"见缝插针"，逮着机会就上。不过，他"有勇有谋"，拉起一根线，在一条直线上找空隙，"便于后期的管护"。这就是"干插缝造林法"，石质山地从此也开始披上绿衣。

对塞罕坝而言，造林要紧，病虫害的防治也是天大的事。

"防虫得抓最佳时机，"塞罕坝第三乡林场森保股股长朱凤恩说，"太早的话，虫子没孵出来，效果不好；太晚的话，虫子长成了，耐药性强，防治难度也很大。"

把握时机，对有 35 年防虫经验的朱凤恩来说并不是难事。通过无数次试验，他已经将坝上常见害虫的习性摸了个底朝天。

他捕来不同种类、不同成长期的害虫，用不同品种、不同浓度的农药分别喷洒，记录其死亡时间，由此找出了适用于不同虫害的最佳防治时机、最佳防虫药品，计算出了不同强度虫害下的用药浓度和喷药频率。

2002 年，松毛虫大举来袭，坝上局部地区受灾严重，虫吃树叶发出的声音颇有些"得意"，似乎在向人类下战表。

林场创业者当年住过的土坯房

朱凤恩领命上山灭虫。为抓住清晨四点这个最有效的防虫时机，他带领技术人员和喷药工人，每天凌晨一点半就开始忙碌。

这场"战役"持续了两个月的时间，最终松毛虫败下阵来。

厚重的防护服、双层口罩和防毒面具让人行动迟缓、呼吸困难，却也不能完全隔离伤害。"战事"结束时，朱凤恩和同事脱了一层皮。

后来，河北省在制定有关喷烟机防治病虫害的地方标准时，主要经验数据大多都由塞罕坝提供。

"没事我就琢磨呗，老一辈辛辛苦苦留下来的家业，怎么也不能毁在我们手中吧？"朱凤恩咧着嘴笑。

同样，在谈及为何有那么多个独到"发明"时，曾荣获"全国绿化奖章"的邓宝珠直言："上对得起老同志，下对得起小家伙。"

而"小家伙"们也不敢怠慢。

每年的3月15日至6月15日，塞罕坝人要造林，要防火，要防虫，工作如千钧重。尹海龙是"林二代"，他发现这时候好多同事身穿迷彩服，头发上挂着松叶，脸是铁青色的，嘴唇开裂，裤腿的褶子里藏着土，鞋上都是泥。再看看自己，也是如此——"走在大街上，平时喊你一声哥哥的，这时候不自觉地喊叔叔了。"

这个"80后"和其他塞罕坝人一样，通宵达旦地扑在工作上，也顾不得什么形象了。其实，这正是塞罕坝最动人的模样。

"要求于人的甚少，给予人的甚多，这就是松树的风格"

——塞罕坝人张启恩夫妇、于士涛夫妇如一棵棵松树，
　　傲然挺立于天地间

塞罕坝到底价值几许？2007年，中国林科院有过初步的评估：这

塞罕坝金秋

里不仅有效承担了阻挡风沙的任务，而且每年为京津地区输送清洁淡水1.37亿立方米，吸收二氧化碳74.7万吨，释放氧气54.5万吨，每年提供的生态服务价值超过120亿元……

塞罕坝的这份"成绩单"，主要树种落叶松和樟子松功不可没。

松树，是崇高品质的象征。老一辈无产阶级革命家陶铸写道："要求于人的甚少，给予人的甚多，这就是松树的风格。"塞罕坝人，如一棵棵松树，在历史的长河里绽放生命的绿色。决定坚守塞罕坝的人，内心都与塞罕坝的精神内核相吻合，与秀丽挺拔的松树气质相呼应。

张启恩，1944年毕业于北京大学林学系，新中国成立后在原林业部造林司从事技术工作，妻子张国秀在中国林科院搞科研，一家五口生活其乐融融。1962年，一纸调令，让他举家迁往塞罕坝。尽管"文化大革命"期间，他遭受折磨，一条腿残疾了，但直至逝世，他依然不后悔当初的选择。他们夫妇，成为连绵大山里最受欢迎的专家。

新世纪，面临类似的"选择题"，新一代的塞罕坝人给出了同样响亮的答案。

"80后"于士涛是保定人，微胖，一看就是个好脾气。他开口闭口都是"林子"，说时透着几分得意。2005年大学毕业，他一头扎进塞罕坝，吃了蜜一般。而女友付立华考入中国林科院，攻读硕士研究生。2008年，她毕业留在北京，有一份不错的工作。到底谁"投靠"谁，出现了一场拉锯战。

节日期间，付立华多次来到塞罕坝，"走进林子里，每一次都感觉不一样，每一次都很新鲜"。在一股力量的感召下，2011年，她终于融入了塞罕坝。

"我们林业有个说法，叫'适地适树'，意思是环境条件要跟树种特性相适应。我们俩之所以选择了塞罕坝，或许也是因为符合这项原则吧。"于士涛说。

滦河辽河水源地

如今，孩子已经两岁多了，他也开始担任塞罕坝林场下属的千层板林场场长。工作太忙了，孩子跟他不亲，"完全把我当陌生人。"说话间，于士涛有些落寞。

但是，在国家林业局国际竹藤网络中心牟少华的眼里，于士涛是一个充满力量的人。2012年6月，牟少华来到塞罕坝，参加中央国家机关青年"根在基层，走进一线"基层调研实践活动。于士涛的一席话让他印象深刻："干林业的都默默无闻，也高调不起来。因为你做的事情，40年以后才能看到结果。"

"朴素的话语，让我们看到在新一代务林人身上传承的塞罕坝精神。"在总结报告中，牟少华写道。

塞罕坝人，以汗水与热血铸就万顷松涛，给人间送上一片绿洲，给人心捧来一丝绿意。

这就是塞罕坝的写照，一首响遏行云的歌。

（2014年3月18日《光明日报》）

（本章供图：中共河北省委宣传部）

短评 DUANPING

任何时代都需要艰苦奋斗

◎ 杨 柳

从茫茫荒漠到百万亩人工林海。52载，河北承德塞罕坝林场三代人构筑了一道为京津阻沙源、涵水源的绿色长城，创造了中国北方高寒沙地生态建设史上的绿色奇迹，锤炼出了"艰苦创业、无私奉献、科学求实、开拓创新、爱岗敬业、使命至上"的"塞罕坝精神"。

一代代林场干部职工牢记使命，他们的先进事迹闪耀着不畏牺牲、无私奉献的高尚情怀，他们的言行蕴藉着浓得化不开的责任感和使命感。在他们心中，造好林、护好树就是在护卫首都北京，荒漠的生态修复重于泰山。

塞罕坝几代人咬定青山不放松的精神之源是"使命至上"的崇高追求，是"功成不必在我"的博大胸襟，是逢山开路、遇水架桥的坚强意志。他们，创造了一曲荒原上的绿色赞歌。

浑善达克沙地南沿已经变成了百万亩林海，但"美丽中国"的梦想仍需塞罕坝精神托举。塞罕坝精神，是几代人青春和汗水的汇集，是执着追梦、爱国敬业、艰苦奋斗、劳动光荣筑起中国精神的绿色长城。任何时代都需要艰苦奋斗、无私奉献，在新时期，我们依然需要这些时代楷模激励我们勇往直前。

（2014年5月1日《人民日报》）

赵亚夫

小传

　　赵亚夫者，江苏常州人也。五十年如一日，心系"三农"。田间地头，常留身影；在职退位，不改初衷。"做给农民看，带着农民干，帮着农民销，实现农民富"，两百项创新技术，七十项科技成果，无偿服务，一世专情。民谣曰："要致富，找亚夫。"噫吁，引百代高风，享旷世殊荣焉。

楹联

爱注茅山，一心只为黎民好；
胸怀大志，万亩但凭科技兴。

（钟 宇）

亚身甘作三农友；
报国堪称一丈夫。

（温本理）

诗词

沁园春·礼赞赵亚夫

李文朝

科技兴农，根系山乡，立地顶天。

践百年一诺，帮民致富；千辛万苦，济世除难。

东渡求知，草莓引进，稻麦人家果品鲜。

葡萄架，串香甜沃野，丰硕秋原。

有机高效良田，岗坡地淘金喜可见。

历三番探索，亲身试验；多方教授，率众攻关。

地震前沿，四川援建，抱病传经示范园。

平生愿，葆先锋本色，沥胆披肝。

通讯 TONGXUN

把论文写在大地上

◎ 王伟健

头发已经花白，戴着眼镜，说话不多。第一次见到赵亚夫，他有些拘谨，但总是笑眯眯的。当到了句容市戴庄村，看着围过来请教的农民，他话明显多了，对方听不懂的，他会耐心地解释，一遍又一遍。

50多年间，作为一名农业科研人员，赵亚夫思考的问题简单又宏大：依靠土地、依靠农业，能不能让农民走向富裕、走向小康、走向现代化？他扎扎实实地去寻找答案，

赵亚夫（左）指导村民科学种植

引进新品种、推广新技术，培育品牌、市场营销……

农民的需要，就是研究方向

3 米高的大棚里，是一架架草莓。"这个草莓夜冷育苗技术，就是赵主任带着我们在学习日本种植技术的基础上创新出来的。"句容当地鼎鼎有名的"草莓大王"王柏生说，这在国内是首创，使用这种技术亩增效益可达 5000 元。王柏生种草莓已有 30 年时间，从一个只会种水稻的农民，成为有名的"草莓大王"，他最感谢的人是赵亚夫。

1983 年，赵亚夫与同事来到茅山老区句容白兔镇解塘村，推广现代农业。"这在当时要承担一定风险，很多人不理解、不支持。"镇江市农科院研究员糜林说。但对赵亚夫来说，"农民的需要，就是农业科

赵亚夫（左二）援建绵竹地震灾区

47

技人员的研究方向。"

第一年的露天草莓试产成功，亩产超过 500 公斤，效益 600 多元，是当时常规农作物效益的两倍多。周边农民纷纷效仿，到了 1987 年，白兔镇露天草莓超过 7000 亩，农民也因草莓富了起来。

这只是初步的成功。赵亚夫和农科所的同事们为让农民更加快速地掌握现代农业技术，实现规模种植，1996 年 4 个示范园在句容后白、白兔等乡镇落地，总面积 2300 亩，向周围农民招工，还免费传授技术。数年时间，句容鲜果种植面积成倍增长，截至 21 世纪初，句容鲜果已突破 10 万亩，出现了丁庄葡萄、茅山水蜜桃等享誉省内外的"一村一品"鲜果基地，让茅山老区百万农民通过农业实现了小康。

2006 年 7 月，在赵亚夫主导下，戴庄有机农业合作社成立。戴庄村党总支书记李家斌说，经社员提名，多数村干部进入合作社，市农科院技术人员刘伟忠担任合作社副理事长，科技人员、村委会和农民"绑"

赵亚夫（左三）在地头为新村官讲述有机水稻的种植情况

在了一起。

技术人员入社，合作社有了技术保障。将村委会与合作社"合二为一"，合作社承担经济功能，村委会负责行政职能。农户仍然是合作社中坚力量，他们有权选举和罢免理事长，也有从合作社分红的权益。农民以土地入股，并继续在自家土地上耕作，多劳多得。

合作组织的优越性日益凸显，入社土地每年以 1000 亩数字增加。2008 年，戴庄农民人均纯收入超过 8000 元，与苏南农村同步达到小康标准，比预计时间早了 3 年。2013 年，农民人均纯收入达到 1.66 万元，是 2003 年的 6 倍。

让农民理解，先要了解农民

30 年来，从句容到丹阳，再到四川绵竹……赵亚夫的技术和理念"万

赵亚夫（左二）在田间为农民指导

山红遍"。"我知道农民要什么，知道站在他们的角度看问题、想事情，会用他们能接受的方式引着他们前进，因此，我获得了他们的信任。"赵亚夫说。

当赵亚夫让戴庄村改种有机桃树时，村民杜中志不太相信。"当然，你按我说的方法种桃子，包你每斤桃子卖到 5 块钱。"面对杜中志的怀疑和抬杠，赵亚夫仍然笑眯眯，"你卖不掉，我包了。"在赵亚夫的再三保证下，杜中志战战兢兢地种了 3 亩桃，2004 年第一批桃子就卖到了每斤 8 块钱。杜中志彻底服了，他现在逢人便说："跟着赵亚夫，肯定能致富。"

说起这些经历，赵亚夫一脸笑容。"我是农民的儿子，我知道他们想什么，怕什么。我们到农村来，就是来做群众工作，解放农民思想的。越难，才越说明我们的工作有价值。"30 年来，赵亚夫推广草莓，推广葡萄、水蜜桃种植新方法，推广有机稻……每一次，他都凭着对农民的了解，用最适合农民的方式，让他们相信他，跟他走。

带领更多人才投身农业

在加快科技成果转化的同时，赵亚夫也培养造就了一批科技专业人才。在江苏省农科系统，赵亚夫被人亲切地称为"老母鸡"。他直接带的不少科技人员都成为省内外知名的草莓、葡萄、梨、桃、出口花卉、蔬菜种子栽培等技术专家。除镇江外，这些年，他的足迹走遍大江南北，哪里有需要就去哪里指导。

"老所长的最大贡献，是选对了一条适合丘陵山区农民致富的高效农业之路，带出了一批既懂技术又能实干的科技专家与农民骨干。"糜林说。赵亚夫是一个执着的探索者和实践者，同时，也是一个领路人。

在赵亚夫的引导下，句容的许多农民初步掌握了现代农业的经营方式，戴庄村农民在自己的电话上设置了销售彩铃系统，丁庄的葡萄已同上海社区联营，直接走进了市民家中。如今，句容数千农民获得了技术职称或专业资格证书。在他指导过的农业示范户中，全国劳模、省劳模、市级劳模有十几个。2008年汶川地震后，赵亚夫通过支援四川灾后重建，将人才的"孵化"带到了四川绵竹。

赵亚夫（右）对农民进行指导

　　30多年的农村实践，赵亚夫对"三农"问题的解决有着自己的想法："人才是个大问题。只有更多的人才投身'三农'，才能浇灌'乡土中国梦'。"

（2014年5月29日《人民日报》）

（本章供图：中共江苏省委宣传部）

短评 DUANPING

向现代农业探路人致敬

◎ 光明日报评论员

"时代楷模"赵亚夫同志，53 年扎根农村，用自己的知识为农民服务，把百姓致富作为毕生追求。他的先进事迹在江苏大地为人传颂，而他身上所呈现出的知识分子的高尚品格和社会担当，感染和鼓舞了更多的人。

从扶贫式开发到致富式开发，再到普惠式开发，赵亚夫用自己独特的"三部曲"创新了"三农"发展模式，带领戴庄村村民百姓脱贫、致富、走上新型农业的小康之路，这种不懈的努力和有效的探索，是一个农业科技人员的自觉，是一位基层党员干部的职责，也是一名当代知识分子的追求与担当。赵亚夫怀揣科研理想，扎根农业实践，以实际行动证明了知识的价值，为科学发展观积累了宝贵经验和财富。

从赵亚夫同志的自述当中，我们看到了共产主义理想和中国革命传统的伟大力量。正是这种力量，启蒙了包括赵亚夫在内的中国共产党党员和知识分子立志报国、造福人民的价值观，并在追求理想的道路上，不断鼓舞精神、慰藉灵魂、指引方向。以毕生精力奉献农村土地，心系农民、毫不利己地为村民百姓谋福利，为开拓"三农"事业新成就攻坚克难、鞠躬尽瘁，在追赶现代化进程、缩小我国与世界先进水平的差距方面目光高远、殚精竭虑，这种种，都是共产主义理想和中国革命传统在新的历史条件下的传承，是共产党员的精神在现代化建设方面的具体体现。

始终与人民保持血肉联系，是赵亚夫这样的"时代楷模"能够将个人的成就和人民的事业紧密结合的"心诀"，这也是党的群众路线和社会主义核心价值观的深刻内涵。赵亚夫始终扎根农村、服务农民，退休后依然坚守信仰、牢记"为人民服务"的使命，身体力行党的群众路线，特别是致力于把先进的科技成果引进、消化、吸收并转化成生产力。知识分子的这种社会担当和"探路人"的气质，不但是农业、农村、农民事业科学发展的宝贵经验，更应该成为国家社会各项事业的精神财富。

（2014 年 5 月 28 日《光明日报》）

徐克成

小传

  徐克成，江苏南通人也。幼聪慧，敏而博洽。及长，入医门，潜心问学。心怀患者，其志弥坚，力主科研，其艺日精。后转战苏粤，仁行天下。治病救人，不辞其苦。著书立说，不畏其劳。虽年逾古稀，仍是壶济世、解民痛瘵。天厚其德，人争颂之。

楹联

厚德行医医德共济；

真心播爱爱心永存。

（刘太品）

救死扶伤一生播爱；

积德行善两字感恩。

（朱荣军）

诗词

行香子·徐克成大夫礼赞

沈华维

大爱无垠，百姓尊亲，牵魂处、祛病拯民。

灵芝一剂，红杏三春。

更传仁道，行仁术，布仁心。

博学精深，才德同臻，孤影瘦、一诺千金

热肠普惠，细语温馨。

愿正医风，树医德，重医人。

通讯 TONGXUN

与癌共舞 仁医厚德

◎ 刘泰山

5月羊城，多雨潮湿。74 岁的徐克成每天 9 时准时走进办公室，开始一天繁忙的工作。他的电脑里，一张张彩色照片记录了广州复大肿瘤医院铸造"国际品牌"的艰难历程——从小到大，从国内到国外，累计收治癌症患者 7000 多例，来自全球 70 多个国家。

"患者满意、医生安心、医院发展"，广州复大肿瘤医院总院长徐克成终于梦想成真。2012 年，这位与"癌魔"打交道数十年的老人获得国家"白求恩奖章"。

大医至仁，医德共济

梅州山区女孩江味凤，右眼长恶性纤维肉瘤，四处求医未果。来到复大肿瘤医院，家长口袋只剩 1000 元钱，徐克成当场拍板收治。护士金利介绍说，当时徐克成肝叶切除手术刚过 10 天，伤口未愈合，他按着腹部，组织专家会诊。

肿瘤切除了，眼睛保住了，几个月后，徐克成又带领医生护士，驱车 8 小时，赴梅州回访，为 12 岁的江味凤送去学习资料、文具。

徐克成（右）为菲律宾患者分析病情

　　这些年，广州复大肿瘤医院帮助了 400 多名贫困患者，资助和减免费用约 600 万元，公益性捐款 1600 多万元。2008 年汶川大地震，该院派出了全省第一支民营医疗队，捐款捐物 950 万元，几乎掏出医院全部"家底"。许多人赞叹："徐院长行的是医，送的是爱，守的是信，让我们看到的是美。"

　　20 世纪 80 年代末，徐克成离开江苏南通医学院附属医院，调到深圳特区工作，便萌发了一个念头：创办一间"诚信、厚德、仁爱"的特色医院。创办"养和医疗中心"之后，他又应朋友之邀，创办广州肿瘤高新技术治疗中心，即广州复大肿瘤医院前身。4 个创办人签名立据，约法三章："不拿病人一针一线"，"绝对不收红包、回扣和吃请"，"如有违反，自动退出"。后来，这一"规矩"演变为"院训"——"厚德行医，医德共济"。

　　13 年来，广州复大肿瘤医院从 20 张病床发展到 350 张病床，被评为"全国最佳肿瘤医院""最具社会责任感医院""全国诚信民营医院"。

它坚守道德底线——按社区门诊标准收费，优选治疗方案，控制用药比例。而"红包""回扣""吃请"，谁碰，罚谁。

它散发人性温馨——对住院病人安排专车接送，送鲜花、果篮，送生日礼物、贺卡，还设立心理辅导义工站。医院还有西餐厅、印尼餐厅和阿拉伯餐厅。

徐克成自豪地说："我们鼓励记者暗访，也鼓励社会监督，至今没有发现违规之事。"

潜心钻研，医术高超

很难想象，徐克成曾是一位癌症患者，前后动过 5 次大手术。他常常自称"只有 8 岁"——从 2006 年肝癌手术之日算起，此后即如"新生"。"几次磨难都没有将我从这世界带走，既然活着，就要活出个样子，活得有价值！"每次动完手术，徐克成不等身体康复，就站到病人面前。

他潜心研究癌症防治规律，创立以冷冻消融、微血管介入和联合免疫疗法为主导的"3C 治疗模式"，取得令人瞩目的成效。作为研究癌症的医生，又是战胜癌症的患者，徐克成与患者有了更多共鸣。每当病人情绪不稳定时，他会握住病人的手，轻松地开玩笑为患者打气。

"与其让患者在疼痛、忧郁和惶恐中离去，不如让他们有尊严地生活，享受生命过程。"他认为，癌症是一个全身性疾病，癌细胞无法彻底除净，应该考虑顺其自然，重点改善生命质量。为此，广州复大肿瘤医院在冷冻消融、微血管介入、联合免疫基础上，增加个体化治疗。它使 70% 左右中晚期癌症患者，包括常规治疗无效或复发患者，得以延长生命，或者近乎治愈。

著书立说，知足常乐

名医徐克成的最大愿望，是当一名作家。高中毕业，他一门心思报考大学新闻系，却阴差阳错被录到医学专业。自强不息，只争朝夕，徐克成一步步站到消化病学和冷冻治疗癌症技术的前沿。他担任中国中西医结合学会消化病学会副主任委员、国际冷冻治疗学会主席。他出版过《激素临床应用》《临床胰腺病学》《消化病现代治疗》《肝纤维化基础和临床》《肿瘤冷冻治疗学》等 30 多部专著，发表论文 400 多篇，赢得同行一致认同。近年，徐克成还抽空写下亲历与感悟，编成《我对癌症患者讲实话》《跟我去抗癌》等科普读物。

2011 年 11 月 2 日，第十六届世界冷冻治疗大会，徐克成主编的《肿瘤冷冻治疗学》获优秀著作奖。半年之后，他又写出了《现代肿瘤冷冻治疗》英文版，2012 年出版，填补了世界肿瘤冷冻治疗英文专著的空白。

徐克成到黑龙江看望被救助的患者韩冰冰

如今，广州复大肿瘤医院成为世界冷冻治疗肿瘤例次最多的医院。

谈起写作，徐克成特别兴奋："我这一世，愿意为之献身的可能就是'著书立说'。'书'数量不算少，'说'可能算不上，但知足常乐，人生无悔。"

（2014 年 5 月 30 日《人民日报》）

（本章供图：中共广东省委宣传部）

短评 DUANPING

帮助别人绽放自己

◎ 岳 祺

半个世纪以来，徐克成自觉向雷锋看齐，默默践行着社会主义核心价值观。

徐克成的人格魅力，离不开"善"与"诚"。他崇德向善，数十年如一日厚德行医，以悬壶济世、帮助他人为最大快乐，赢得社会尊重；他诚信敬业，刻苦钻研前沿技术，大胆创新管理模式，受到同行推崇。一所民营专科医院也由此办成国际知名的特色医院，为我国医疗服务机构发展转型探索新路。

帮助别人，绽放自己。徐克成改善了患者的生活质量，也在拓展自己的人生宽度。徐克成的事迹再次说明，雷锋精神依然是新时期最宝贵的社会财富，是立身之本、创业之基。大爱无疆，至诚无敌。

（2014 年 5 月 30 日《人民日报》）

孙　波

小传

　　鹤岗孙波者，蒙古族人也。具本科学历，经不惑年华。利剑高悬，还公平于天下；徽标在顶，负使命于国家。立党员宗旨，述敬业生涯。博学识以显信念，理积案以达最佳。忘我积劳，肾衰依然尽职；廉洁奉献，淡泊不愿人夸。屡获功勋，彰品德之优秀；最美法官，缘爱我之中华。

楹联

天职无涯，执法铁肩担道义；
廉心有证，秉公剑胆铸忠诚。

（杨晓雁）

公正担当，有法有为有守；
忠诚廉洁，日清日慎日勤。

（叶子彤）

诗词

赞孙波

杨逸明

奔忙哪顾染沉疴，不让民间积怨多。

庭院深深钟自警，乾坤朗朗镜常磨。

劳心事业兼劳力，可泣生涯更可歌。

审罢疑难无数案，众人噙泪说孙波。

为信仰释放生命的美丽

◎ 吕爱哲　唐凤伟　段春山　朱丹钰　赵成江

在黑龙江省四大煤城之一鹤岗，有一位这样的"纯粹法官"，纯粹到只把办好案件、公正司法视为生命的支点，如同一块燃煤，燃烧自己，温暖他人，淡泊名利，不求回报。20年来一直无怨无悔地做一名平凡的基层法官，忠诚、公正是他的风骨，奉献、淡然是他的品格。

他，就是被中宣部命名为"时代楷模"、被中央媒体和最高法院联合评选为"最美基层法官"的鹤岗市工农区法院刑事审判庭审判员孙波。

"问君何能尔？""信仰"使之然。

公正廉洁——百姓眼中的"小包青天"

孙波视办好案、办铁案为法官天职，从事审判工作20年，执着于还原案件真相，执着于追求法律的真谛，参与审理各类案件1890件，其中经他主审的430起案件，没有一起改判，没有一起超审限，没有一个当事人上访缠诉。

几年来，在鹤岗，牵扯到全市百姓利益的非法集资诈骗案，轰动全市的原政协副主席雇凶杀人案，省内数个第

阅卷是孙波的工作内容之一

一起新类型犯罪的公正审判，让30多岁的主审法官孙波逐步走进大众视野，当地百姓亲切地称他为"小包青天"。

2008年10月，天达地产公司资金链断裂，公司"老板"李某涉嫌非法集资、诈骗7亿多元人民币，涉案人员2600多人，案卷400多卷……审理这样一起案件，鹤岗市中级法院是第一次，孙波也是第一次。

因为案卷实在太多，中院专门腾出一间会议室作为孙波的办公室。"案卷摆了一地，几乎再没有地方下脚。"那天，孙波买了一箱方便面、一条香烟，从家里拿了一只大碗、一双筷子，"住进"了办公室。

这一个月里，孙波累了就睡，饿了就吃，睁眼闭眼都是案卷，在案件审结时却创造了一项纪录：连续吃住在办公室21天。有人称其为"疯狂21天"。

"每个案卷都得一口气从头到尾细细捋，中间要是断了，要想重新捋顺，太费劲！"为了把握案件的各项细节，一个多月里，孙波看完了所有的案卷，而且写出了近20万字的阅卷笔录和相关资料，对于每

65

一个涉案人员，每一笔资金，适用的法律和需把握的政策，他了然于胸，为此案的高质量审结奠定了基础。

庭审时，审判大厅座无虚席，由于庭前准备工作充分，无论是对控辩双方意见的归纳，还是庭审节奏的驾驭等，都严谨有序，案件得以顺利审结。大批受害者旁听了庭审后，对法院能够公正裁判有了信心，避免了群体性事件的发生。

"我原以为我们辛辛苦苦挣来的血汗钱都'打水漂'了，没想到法院给我们做了主。"虽然这起集资案已经审结好几年了，受害人李某，见到记者，感谢法院的心情仍然溢于言表。

2005年，鹤岗市中级法院刑事审判庭因审判人员调动等原因，急需补充人力，同时，也因人力不足，一时间积压了不少案件。为此，中院领导决定把业务过硬的孙波从六区两县的基层法院抽调过来清理积案，解决燃眉之急。

"中院缺人，工农区法院就不缺人吗？"工农区法院提了一个特殊要求："借调可以，但区里的案子也要审。"面对这样的条件，孙波居然答应了。这声允诺的背后是每年新增40多起案件的审理工作。

当时，孙波在区法院每年大约需要审理100多起案件，平均下来3天一件，如果再加上中院的案件，一个人至少要干两个人的活。而中院处理的刑事案件，多为"三重案件"，即判决20年以上、死缓、死刑立即执行等重刑案——案件复杂，社会影响大，审理难度大。

面对骤然增加的工作量和工作难度，孙波想的不是苦和累，而是怎么把案子办好。

问题还不仅如此，由于是"两头兼顾"，还有一些关乎切身利益的问题也摆在孙波面前：工农区法院认为孙波被借调中院，担心孙波在工农区法院干不长，说不定哪天被中院正式调走，提拔干部再考虑孙波不合适；而中院因孙波编制在工农区法院，提职晋级时也没法考虑孙波，这样一来，孙波干活儿虽然"两头抢"，说到个人进步，又两边都靠不上。

面对这样的尴尬，孙波也没想那么多，而是一头把自己埋在案件堆里，一心一意办好案件。

因为卷宗不能带回家，白天又要开庭，孙波夜间阅卷是常事。一天凌晨，孙波还没回家，妻子刘桂华"恼了"，担心他累坏了，给他打电话："什么工作非得你干啊？别人就干不了？不行就回工农法院吧，咱们不干了。"

孙波向妻子辩解："院里把清理积案这么重要的工作交给我，我怎么能不小心谨慎地办好，如果有点闪失，对不起领导的信任啊。"孙波发自内心地说。

白玉库原系鹤岗市政协副主席、交通局局长，曾经在鹤岗市"赫赫有名"，当时鹤岗流传一句话："要想富，先修路，修路就找白玉库！"可见白玉库的"能量"之大。白玉库卸任交通局局长后，和后任局长发生矛盾，遂雇凶杀人，将后任局长杀害。这起案件起诉到法院后，因案情复杂，检察机关建议延期审理并补充侦查。由于半年多没有开庭，加之被告人白玉库身份特殊，在侦查阶段又因病一直保外就医，引起社会上风言风语，对法院能否公正审判此案产生了疑问。

疾风知劲草，院里把这个案件交给了孙波。为把案件办成"铁案"，孙波一遍遍翻阅、研究卷宗，核实证据，研究白玉库犯罪的动机、实施过程及案发后的行为。"遗漏一个细节，留下一个瑕疵，都会引发社会的躁动不安，我不敢、也不能不用心。"孙波这样说。

开庭后第三天，此案就进行了公开宣判，认定白玉库犯故意杀人罪，依法判处死刑，剥夺政治权利终身。宣判结果同步发布在媒体上。

"法院敢碰硬！"原来对法院能否公正审理此案存有疑虑的群众说。

"谢谢法院主持公道！"白玉库案受害人家属田某听到判决，潸然泪下。

　　"主持公道"就得把心摆正，不为利欲所惑。孙波视司法廉洁为做事底线，20年来拒礼拒贿无数，所办案件没有一起不廉举报。其实，孙波从事审判工作后，有许多次"发财"的机会，有人允诺向他"好好表示一下"，也有人允诺帮他"改善一下生活条件"，换得被告人"从轻发落"，但孙波都不为所动。

　　工农区法院刑庭审判员申立红曾经和孙波在一个办公室工作了很长时间，她告诉记者："孙波的性格随和，有的当事人以为他好应付，在办案中请他吃饭，或套近乎，许以好处，他都一一严词拒绝。对当事人送来的钱物，他一概拒收；当事人硬塞进家里或办公室的红包等钱物，他一律上交单位财务室，冲抵当事人应履行的赔偿义务。了解孙波的人都会对要给他送礼的人忠告，'不要白费劲，这些在孙波那里是没有用处的'。"

　　2006年3月，在处理一起涉黑团伙案中，被告人的哥哥揣着2万

孙波（左）接待来法院求助的当事人

元钱找到了孙波："留我弟弟一条命"，孙波拒绝了。没过几天，他又带着 10 万元找到孙波，又是碰了一鼻子灰。随后，当事人的亲属又找了孙波两次，增高了价码，但在孙波面前"依然不好使"。

最终，这个案子因为事实证据和法律适用，被告人并没有被判处死刑。事后，送钱的人评价孙波："这人行，不是咱们想象的那样，都说'衙门口向南开，有理没钱莫进来'，这话不对，你看人家孙法官，一口水都没喝过咱们的，不是照样把案子办得让人服！"

白玉库案件的受害人家属田某每次回忆起当初找孙波的情形，都敬佩不已："当初我心里没底，就来法院找到孙波，孙波和颜悦色地对我说，嫂子，你放心，这个案子不仅你关注，全市百姓都关注，我一定会依法办成铁案的！"田某说："孙波话说得很好，但我心里还是不放心，你想，白玉库的朋友曾经找到过我，要给我一大笔钱，那真是一笔巨款，不少人可能一辈子也挣不来，我就寻思，这人能找到我，还能找不到孙法官说情？鹤岗就这么大个地方，找个人牵线搭桥还不容易，何况白玉库社会交往那么宽。可判决下来，我才知道孙波真是为民做主，我的担心是多余的。"

有利诱，也有威逼。

有一次，孙波接到一个陌生人打来的电话："孙波，我知道你家住哪，你爸妈住哪，你家孩子在哪上学。我们家的案子要判偏了，我弄死你全家！"

"我是法官，还能怕罪犯？还能怕威胁？"孙波厉声说道。

妻子刘桂华在一旁听到孙波的回答，知道这里面一定"有事"，再三追问下，孙波才将这件事告诉妻子。贤惠的妻子知道真相后，没有担心自己，倒是担心孙波和孩子的安全，劝孙波别因"硬碰硬"招致不测，孙波对妻子说："罪人得不到惩处，那法官就是罪人。"

孙波自从事刑事审判工作以来，先后参与审理刑事一、二审案件

1800 余件，在他主审的 410 起案件中，无超审限案件、无改判案件和上访缠诉案件，刑事附带民事案件调解率达到 98%。

回首往事，孙波这样向大家倾诉心声："法律的力量在于正义，法官的责任在于公正。办完每一个案子，我都会反思当事人是否得到了公正待遇、判决是否做到了实事求是。庆幸的是，这些年，无论在形形色色的诱惑面前，还是在当事人的威胁恐吓面前，我始终做到了审理的每一个案子都对得起自己的职业良心。"

笃学深思——同行心中的"孙教授"

孙波有一个闻名遐迩的雅号——"教授"，这是鹤岗市政法干警对他发自内心的敬重称呼。当遇到疑难问题或大案要案时，大家第一个想到的就是孙波，孙波撰写的判决书和审理报告，经常是同事们学习的范本。

孙波创造了鹤岗市两级法院的多项第一：第一个通过了国家司法考试；主审了黑龙江省第一起非法经营同类营业罪案和鹤岗市第一起私分国有资产案；办理了《刑法修正案（八）》实施后鹤岗市第一起拒不支付劳动报酬案。这些案件无论在证据采信、证据链条的形成、事实认定还是法律适用上，都丝丝入扣，既合法理，又合情理。他提出的观点，赢得了许多专家学者的赞同和肯定。

鹤岗是知名的煤城，涉煤矿安全生产犯罪案件比较多，孙波对此类案件进行了深入调查和仔细研究，成为全市审理此类案件的专家型法官，并形成了几万字的矿山安全案件处理调研文章。2006 年 12 月，全国人大和最高人民法院联合召开专题研讨会，就即将发布的《危害矿山生产安全刑事案件司法解释》征求意见，受黑龙江高院的指派，孙波参加了此次研讨会，有关意见被吸收到了该司法解释中。

同事宋文豪说："孙波就是一个活法典，有时一个法条想不起来了，问孙波，他肯定说得清清楚楚。"

工农区法院刑庭书记员王玥丹最佩服的就是孙波对刑法法条的熟悉程度，简直可以说是倒背如流，"因为我每个月要报表，很多罪名搞不清楚的时候，我就去问孙哥，哪个罪名在第几章第几页，他看一眼就能说出来，就算一些很少用到的法条，他也能说个八九不离十。"

孙波作为鹤岗市法官学院兼职教师，还经常被邀请为两级法院法官讲课。

其实，孙波没有让人仰慕的学历，也不是法律科班出身，这些成绩的背后，是常人难以想象的艰辛。上中学时，孙波曾经系统学习过三年油画，这些年，再也没见他拿过画笔。他也多次计划领着家人踏踏青，放松一下，但这些计划最终都因工作和学习而搁浅，就连偶尔打打羽毛球和篮球，对他来说都是一种奢望。在孙波家里，客厅的茶几上、桌子下面、沙发上，到处是一摞摞的法学理论书籍，卧室的床上也多是这类书。"你就是个书呆子，不让你学习，比要你命还难受！"每每到后半夜，妻子睡了一觉后，看到孙波依然手不释卷，常常这样嗔怪他。

1973年出生的孙波，高中毕业后考上了黑龙江省广播电视大学。没有考上理想中的院校，孙波没有气馁，反倒利用"后发优势"，拿出一股子拼劲儿，投入到学习中。1994年大学刚毕业，孙波参加了鹤岗市法、检两院的公开招考，在2400多名考生中脱颖而出，以笔试第一名的成绩考入工农区法院，在刑事审判庭当起了书记员，从此再没有离开过刑事审判庭。那一年，孙波21岁。

笔试第一考进法院，并不意味着就能当一个好法官。这个道理孙波比谁都清楚。从穿上法官制服的那天起，不管工作多忙，不管身体多差，孙波始终坚持学习，通过自学先后取得了法律专科、本科学历。

工农区法院是鹤岗市的中心区法院，案件审理任务繁重。刚进入法院时，孙波担任书记员，一个人承担了送达、宣判、提押人犯、开庭记录、整理和装订卷宗等工作，还负责每月固定报表、司法统计分析和调研材料。每年多达300余起刑事案件，他白天开庭记录，晚上装订卷宗，工作量可想而知。"那时从来没看见他'正经'走路，上下楼都是一路小跑。"孙波忙碌的身影，始终留存在同事们的记忆中。即使忙成这样，孙波也从没间断过学习。没事就捧着书在看，是同事们在头脑中回想起来的对孙波的最深印象。

"我的爸爸还是一个爱读书的人。无论在什么时间，什么地点，他的手里总是拿着一本书，以至于我们家书房的书架都被他的书'包圆'了。有一次，我有一道作业题不会，我连叫了三声'爸爸'，可就是没人答应，我还以为他睡着了呢，可是过去一看，只见他手里拿着一本书，正在津津有味地读呢。我问他为什么不回答，可是他却说他一点也没听见。我爸爸就是这么一个爱读书的人。"孙波12岁的儿子孙莫寒在自己写的作文《我的爸爸》中，这样描述自己的爸爸。

孙波的好学、博学同事佩服，家人了解。就是对孙波仅有工作接触的人对此也印象深刻。"是金子，你是埋没不了它的光亮的！"鹤岗市检察院公诉处副处长胡国瑞，提起和孙波同考场参加司法考试那一幕，总要说的就是这句话，他说，两人2003年最初见面时，他还很看轻孙波。成绩下来了，孙波通过了司法考试，他和所在的检察系统参考人员全部落榜。从此，他不再小觑这位表面木讷却相当内秀的孙法官了。以后的业务联系中，孙波对案件的准确分析定性，特别是对新类型案件的独到见解，更坚定了他的看法。"我们检察系统都很折服。"胡国瑞说。

胡国瑞的话在孙波高中同学袁辉那里得到了印证。袁辉现任鹤岗市人民检察院林业检察室主任，他告诉记者："孙波勤奋好学在我们同学间是出了名的，同学们只要去他家就能看到他在看法律书籍，或者是在网上找法律资料。虽然他是刑事法官，但是他的民法业务水平也非常高，我或者我的朋友有民事法律上的问题去请教他，他都能给我解答。"对于孙波能持之以恒地坚持学习，袁辉这样解释："孙波身上有一种'钉子'精神，中学时我们同学都挺喜欢篮球，经常一起打球，有时我们都打累了就一起坐下来休息，但孙波从来不休息，他觉得自己打得不够好，就努力练习，比如在零度角投篮，他有时一个动作要重复很多遍。"

对于孙波在学习上的"钉子"精神，申立红深有感触："孙波在手术、住院期间仍然坚持学习的事我记忆犹新，特别受感动。那是在 2011 年 7 月，孙波在北京 309 医院做手术，他在北京住院期间，我和其他同事到医院看望他，当我们见到他时，几乎都不敢相认了，他爱人听说我们去看他，还特意给他剪了头，是用笨剪子剪的，剪得一点也不齐，乱蓬蓬的。原来那么健硕的人现在瘦得皮包骨，脸灰灰的，脱了相，大家都流泪了。我发现，孙波就是在这种情况下，床头柜上还摞着一大摞关于法律、审判的业务书，上面放着他做的读书笔记。我就说：'孙波，还学呀，不要命了！'他同室的病友跟我说，孙波只要没事，就拿着业务书看，还边看边做笔记。"

孙波以坚韧的毅力坚持学习，他这种"钉子"精神被大家敬佩之余，记者想要探寻的是，孙波在学习上"钉子"精神的动力来自哪里？孙波一句朴实的话语给了记者答案："业务知识学好了，能力素质才能提高，才能把案子办好。"

"为了当一名称职的法官，20 年来，我不放过一点时间，不放过任何一本能接触到的法律书籍，为的就是熟悉法典、明晰法理、掌握法条，为的就是用知识武装自己，用知识指导审判，为的就是让当事人真真正正地'胜败皆服'！"在作先进事迹报告时，孙波这样说道。

求知若渴使孙波打下了坚实精湛的法律业务功底，这粒金子的光亮越来越璀璨。2010年，鹤岗市检察院在研究一起案件时，检察长发现一篇来自法院的材料水平很高，打听到撰写者孙波是工农区法院的一名普通审判人员，惜才心切，决意要把孙波调过来，还承诺在职级、物质待遇上给予倾斜。

面对工作、生活环境改善的机遇，面对更广阔的个人发展空间，孙波选择了坚守，如同一只骆驼，不求水草的丰美，只知负重前行。就在只差最后一个章，一切调动手续就要办理完毕的时候，孙波却作出了让大家都意外的选择：留在法院，不走了。

妻子不高兴了："多少人羡慕你有这个机会，你却放弃了，是不是脑子有毛病？"孙波解释道："我不愿意离开审判台，每办完一起案件，我就有一种成就感，感觉活得有价值！"妻子抢白他："到检察院工作你同样可以办理案件，同样可以有成就感，怎么就活得没价值了？"孙波答道："我这点本事，都是在法院学到的，是法院培养了我，我不想让别人说我不懂得感恩。"

这就是孙波，在学习上不管自己吃过多少苦，总是把成绩归功于组织，不敢忘记自己一点一滴的成长都是组织培养的结果。

百炼成钢——打不倒的"硬汉子"

"你做丈夫、做父亲、做儿子，哪一样都不合格，唯独做法官合格！"这是结婚十几年来，妻子刘桂华说得最多的一句话。每每此时，孙波总是苦笑着对妻子说："谁让你嫁给我了？"妻子抱怨道："我嫁给了你，可你却'嫁'给了法院。"

孙波的老父亲患有严重的心脏病和脑梗，卧床11年，每年都要住几次医院。一次，正赶上父亲突发脑梗塞，妻子给他打电话，可当时他正在开庭无法离开，无奈的妻子只能自己一个人将老人送到了医院。住院期间，一直是妻子在护理，孙波只抽空去过一次。当妻子给父亲修指甲、洗脚、喂饭时，从来不愿意夸人的父亲轻轻地抚摸着儿媳妇的头说："谁说我没有女儿，儿媳妇就是我的女儿。"父亲去世后，妻子每每回想起这句话时，都忍不住流下眼泪。

2008年，妻子刘桂华胃出血住院，本以为孙波可以照顾照顾自己，可这仅仅是她的愿望。一个电话就把孙波从妻子身边拉回了法院。刘桂华说："那时，我真的下决心，出院后就不和孙波过了。"出院那天，孙波主动到医院为妻子办理了出院手续，把妻子送到家后，就回单位上班了，直到深夜才回来。看到孙波拖着疲惫的身躯、佝偻着腰的样子，刘桂华的心又软了，一肚子的委屈全都抛到脑后，忙问孙波饿不饿，吃饭了没有，起身去给他做饭。

刘桂华有时不免埋怨孙波："你满脑子装的都是工作。"面对妻子的絮叨，孙波只能默默地听着，这时候说什么，也不足以表达对妻子、对父亲、对家人的愧疚。

的确，孙波满脑子装的，除了工作，还是工作。在鹤岗中院借调期间，他用三个半月的时间，就高质量地审结了66起案件，一时传为佳话。

审理白玉库时，领导安排他一件急事和上级法院沟通，然后向市委汇报。对院里的安排，他二话没说，不分白天黑夜地看材料，与有关部门交换意见，事情梳理得差不多了，已是下午3点，他换了件衣服就赶赴哈尔滨，当夜赶往北京，次日一早来到最高法院，下午1点返程，经哈尔滨返回鹤岗。当他拖着一身疲惫回到家时，已经是晚上9点多。就这样，他历时30个小时，往来奔波3个城市，行程3000多公里，没吃上一顿热乎饭，没睡过一个安稳觉。可他顾不上这些，走进家门又连夜准备第二天到市委的汇报材料。这边刚忙完，他来不及喘口气，马上回头阅研白玉库案件。由于劳累过度，白玉库案件宣判结束时，他差点晕倒在审判台上。事后，院领导心疼地说："这哪是在工作啊，是在拼

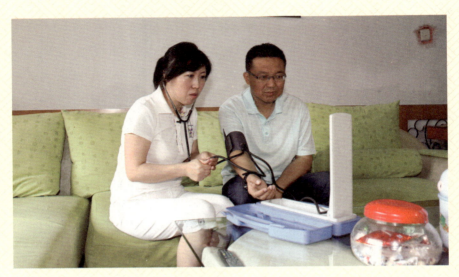
妻子为孙波测量血压

命呀！"

　　2011年春节，孙波身体状态不太好，持续地发烧，不停地流鼻涕，每次上审委会汇报案件时，他都是边汇报边擦鼻涕，汇报一个案件就要用上一卷纸。

　　妻子刘桂华劝孙波到医院检查一下，他总说，没事，就是个感冒，挺挺就过去了，谁知这一挺就是一个半月，到了4月，病情越来越重，晚上动不动就流鼻血，滴滴答答淌得地板上、沙发上到处都是血迹；血压时常升高到180毫米汞柱，可他还是一再加班加点工作。妻子没办法，只好把这事儿汇报给工农法院院长李艳秋。

　　李艳秋一听就急了，强迫孙波去医院做检查，可孙波硬是拖到五一假期才在妻子的陪伴下来到医院。检查结果一出，医生惊呆了，血清肌酐是正常人的20倍，双肾衰竭！

　　当天，孙波和妻子直接坐上了开往北京的火车。到了北京，孙波的双腿怎么也抬不起来了，是接站的同志把他背出了火车站，送到医院。医生立即对孙波进行抢救，这才把孙波从鬼门关拉了回来。那一年，他38岁。

市中院院长朱德臣得知孙波的病情后，立即赶赴北京，帮助联系医院和专家，安排孙波在北京住院治疗。半年内，孙波大小手术做了9次，两次换肾手术均告失败。

从入院到出院，整整13个月。这13个月，妻子刘桂华回过两次鹤岗——借钱。第二次，还贴出了卖房广告。刘桂华说："就是剩下最后500元钱，我也不会放弃孙波！"可是，近百万元的医疗费，给这个家庭带来如山一样的压力，积蓄花光了，就向亲朋好友筹措，却从来没有向组织张过口，伸过手，提出过任何困难和要求。如今，孙波一家还有几十万元的债务。

孙波的事迹被媒体报道后，引起社会各界强烈反响。"我觉得他不仅是一个好法官，更是一个好人，他也是这几年来所树立的典型当中让我印象最为深刻的，孙波公正、廉洁、善良，这些都是他身上人性的闪光点。"光明日报记者张士英在采访孙波事迹时深有感触地说。

黑龙江三级法院领导一直牵挂着孙波，多次看望他，尽可能为他工作、生活提供帮助。高院院长张述元多次问询孙波身体状况，指示要照顾好孙波的工作、生活，还亲自为他颁发了政法干警英模奖励资金。鹤岗中院党组号召全市两级法院干警为孙波捐款，哈尔滨市中级法院、道外区法院在孙波事迹报告会上现场为孙波送上善款。

事实上，被温暖包围着的孙波，将自己的光热更多地给了他人。在办理未成年犯罪案件时，他从来不是一判了之，而是把工作一直延伸到审判后的帮教。他经常到学校为学生上法制课，到街道办事处、企事业单位提供法律咨询服务。为做好未成年人的帮教，他建立了回访档案，定期了解少年犯的情况，及时与社会、学校、家庭沟通，共同做好帮教工作。近些年来，他帮助未成年被告人重返学校21人，其中有9人考上了大学。在自己家庭生活并不宽裕的情况下，还多次资助家庭生活困难的失足未成年人，这些青少年都感激地称他为"法官叔叔"。在住院期间，他嘱咐妻子做饭时，一定要带上临床的老大爷一份。就是在出院后，他生活十分拮据的情况下，还暗地里资助贫困家庭的一名小学生。

2012年6月，孙波夫妇回到鹤岗。此时，换肾失败的孙波只能靠一周三次透析维持生命。院里决定照顾孙波，让他在家好好养病。可孙波硬要上班，还要求审案。李艳秋院长经不住孙波的软磨硬泡，决定给他安排一些相对轻松的工作。没想到，他不同意："最好再分给我疑难案件，这样对我来说有挑战。"

看到李艳秋有些犹豫，孙波来了犟劲："人要是不工作，活着还有啥意思。"软磨硬泡的结果，孙波"成功"了。

为了不影响工作，孙波特意叮嘱护士长把自己每次透析时间都安排到晚上。就这样，拖着疲惫身影的孙波又出现在审判一线。

在近两年的时间里，孙波带病审理了110多起案件。在他主审的24起案件中，有7件经中院认定是疑难复杂案件。

"我的梦想是做一名纯粹的法官，如果我已经无法追求生命的长度，我只有尽自己所能，多做一些事，尽力去追求生命的厚度，尽量接近我的梦想！"孙波如是说。

2012年12月初，天降小雪。孙波走入法庭，开始审理鞠某故意伤害、非法持有枪支、非法拘禁、拒不支付劳动报酬案件。这是鹤岗市首起拒不支付劳动报酬的犯罪案件。

"一定要给农民工兄弟一个交代！"开庭之前，孙波就对自己说。

此案涉及外地农民工有70余人，光卷宗就有十六七本。开庭从早上9时一直持续到晚上8时，在开庭后的一段时间，孙波感到身体非常虚弱，疲惫一阵阵袭来。最后，他实在坐不住了，只能用手撑着审判台，把庭审坚持了下来。

岁月无痕，风雨铸人。这些年来，孙波先后荣获全省优秀法官、

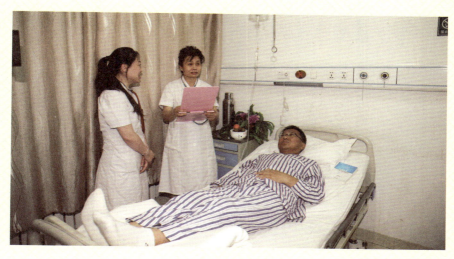

医生为孙波作检查

全省法院办案标兵、全国法院办案标兵、全国法院先进个人等荣誉称号，并荣立一等功 1 次，二等功 1 次，三等功 2 次。2013 年，黑龙江省委政法委作出了向他学习的决定。日前，他又被中共中央宣传部授予"时代楷模"、被最高法院授予"全国法院最美基层法官"称号。面对荣誉，孙波这样表示："其实，我只是做了我应该做的工作，组织上却给了我这么多的关怀和帮助，我能做的只有更加努力工作，把每一个案件办好。"

有记者问孙波："这么多年来，你付出了那么多，身体不好，生活困难，现在才是一个副科级审判员，你后悔过你的选择吗？"

孙波答道："我信仰法律，为自己的信仰而工作，再累再难也是快乐的！"

坚守自己的信仰，释放生命的美丽，做一名纯粹的法官，这就是孙波！

（2014 年 6 月 26 日《光明日报》）

（本章供图：中共黑龙江省委宣传部）

短评 DUANPING

只为肩负的那一份责任

◎ 郭 宁

"我们当法官的，维护了一个当事人的合法权益，社会对法律的信任就增加一分；而如果伤害了一个当事人，就会多一群怀疑法律的人。"这是在参加密山市人民法院组织观看学习"时代楷模"优秀法官孙波先进事迹的活动中，深深触动我心底的话语。一句朴实而又厚重的话语，诠释了一位优秀法官在司法工作中"爱岗敬业，为民服务"的崇高信仰，在他的身上有太多令我们为之感动的故事，有太多值得我们学习的地方，其中最值得我们去学习的，是支撑他理想与信念背后那一份比金子还要可贵的责任心。

是责任，对，就是这份肩负在孙波同志身上的那一份责任，化作他在司法工作中执着追求的动力源泉，激励着他不断拼搏与进取。每一个人在一生中都要承担各种各样的责任，有来自社会的、家庭的、工作的、朋友的等等。可以说，责任是一种使命，是一种义不容辞的担当，也是一种做人的态度，这些在优秀法官孙波身上得到了完完全全的体现。在工作中，孙波同志时时以身作则，处处公正执法，他维护群众的利益，坚定职业的操守。他没有高学历，也不是法律科班出身，却被同行称为"孙教授"。在他从事审判工作 19 年中，在他主审的 430

起案件中，没有一起超审限，没有一起被改判和上访缠诉，调解率达到98%。在他身上是那份高度的责任心在激励着他出色地完成工作，而不是能力。但责任承载着能力，一个人只有具有强烈的责任感，才能以高度负责的态度对待工作，才会创造性地解决各种问题，才会使自己的能力展现得淋漓尽致。

孙波法官是我们的好同事好战友，更是我们学习的好榜样。司法工作庄严而又神圣，它是社会公正的最后一道防线。作为一名法院干警，我们要充分认识并履行好我们在司法工作中所肩负的责任，把高度的责任心始终贯穿于案件审理的各个环节中。牢固树立全心全意为人民服务的宗旨意识，办好每一起案件，让人民群众在每一起案件中感受到公平和正义，真正做到公正为民，恪尽职守。让"时代楷模"孙波的高尚精神在我们司法工作中广为传颂。

（2014年7月1日《光明日报》）

河南邓州"编外雷锋团"

 小传

　　雷锋精神之影响全国者，非一代也。其继之不绝，盖以人心向善，学者日众故也。所谓邓州"编外雷锋团"，乃雷锋生前战友之邓州籍者五百六十人，学雷锋之精神，传雷锋之事迹，身体力行，而推之于众，全国巡讲，以感召同人。闻此团众，今已逾万，而雷锋精神之不朽可知矣。

楹联

继精神，有万千战友；

播种子，引无数雷锋。

（刘太品）

敬业爱人，续雷锋故事；

美风化俗，振时代新声。

（贾雪梅）

诗词

卜算子·赞河南邓州"编外雷锋团"

陈文玲

理想化雄鹰，携手长天共。

回首当年战友情，已入中国梦。

播撒爱无声，点点滴滴奉。

春雨随风潜入心，化作人生境。

"编外雷锋团"纪事

◎ 戴 鹏　任胜利

2014年 6 月 25 日，中央宣传部发布河南邓州"编外雷锋团"先进事迹，授予其"时代楷模"荣誉称号。

54 年前，560 名与雷锋同在一个团的邓州籍官兵，陆续转业退伍后，坚持弘扬雷锋精神，为困难家庭、灾区群众、贫困病人捐款近 150 万元，捐衣物 30 余万件，在社会上做好事 40 余万件，为学校捐赠各类书籍 20 余万册，用自己的点滴行动践行着社会主义核心价值观。

坚守一个信念

面临湍河，背靠农田，有座为人称道的"雷锋小屋"。门上一副对联："处事向雷锋看齐力量无穷，立身为国家分忧自强不息"，横批"艰苦奋斗"。屋主人丁世豪在这已住了 10 多年。作为雷锋战友，丁世豪爱助人，深受邻里爱戴。

"编外雷锋团"团长宋清梅，转业前是雷锋团第九任团长。转业后，他被安排到邓州市文明办任副主任，一干就是十几年，很多人赞叹：老宋就是一块铺路的砖，有扎实的根基，有承重的能力，看着不起眼，其实接地气。

"一生无愧为雷锋的战友"。带着铮铮誓言，这些经历雷锋团培育的军人，陆续退伍转业。一次老战友聚会，让大家萌生了组建个"编外雷锋团"的想法。1997年4月，"编外雷锋团"正式成立，下设3个营9个连。随后，邓州市政府出资建起了"编外雷锋团"展览馆。17年来，"编外雷锋团"成员由560人发展到1万多人，先后有500多人次被各级评为"优秀共产党员""先进工作者""精神文明建设标兵"，近百人立功受奖。

担当一种责任

在邓州腰店乡西岭村，62岁的老支书徐建周一边指挥拉菜车，一边对记者说："我们是南水北调的移民，4年前转移到移民新村，俺们种菜富了，可忘不了编外雷锋团'电力营'腰店雷锋班，他们把电线架到井口、接到新家，为俺们服务。"据了解，"电力营"共有35个"雷锋电力服务班"和一个由10名女电力工人组成的"三八雷锋班"。

在方圆40平方公里的邓州城区，邓州人都见过一辆写有"编外雷锋团服务车"的三轮车。这是原湍河办事处烟站站长高林富退休后经常骑着它穿行在大街小

河南邓州编外雷锋团"电力营"的成员在当地一户居民家维修线路（杨海锋/摄）

巷，义务为行动不便的特殊人群服务。

"编外雷锋团"带领的 18 个营结合自身的工作特点，坚持不懈进行着奉献社会、服务社会、提高自我的活动："青年营"长期开展"我为邓州增辉"活动，"交警营"叫响"执勤一分钟为群众负责 60 秒"，"少年营"立志"读好书，做好人，争当雷锋好少年"，"电力营"坚守"辛苦我一人，照亮千万家"承诺，"大学生营"誓言让"雷锋精神在我身上延续"……

凝聚一种力量

2014 年 6 月 10 日，一则求助帖子在网上发出：靠卖红薯为生的张国宾 2013 年 8 月被查出了食道癌，家庭雪上加霜。6 月 13 日，素不相识的网友聚集到一起，一次就为这位兄弟捐款 16370.5 元。邓州"编外雷锋团"以"邓州吧"和"湍河吧"两个贴吧为平台，成立"吧友营"，网上寻找帮扶对象，网下实施帮扶活动，已先后成功开展救助活动百余次。

"编外雷锋团"政委姚德奇说："用做好事去感染别人，用行动去传递雷锋精神，一颗颗雷锋精神的火种，就这样使正能量汇聚起来了。"

光阴荏苒，当年的 560 名邓州籍雷锋团官兵已有 186 人离世，但"编外雷锋团"成立十余年来，越来越多的新生力量加入进来，传承雷锋精神。

聚是一团火，散是满天星。"编外雷锋团"用行动赢得了赞誉：邓州助人为乐的退休职工张才选等多人当选南阳市道德模范，捐肾救子的农妇李化珍荣获"感动河南十佳母亲"，火海救父"最美女孩"闫倩玉被评为"河南省美德少年"，"京城活雷锋"孙天丛、"抗震救灾英雄战士"武文斌等人的事迹，都在全国产生广泛影响。

（2014 年 6 月 29 日《人民日报》）

短 评 DUANPING

感受信念的力量

走进"编外雷锋团",走近"编外雷锋团"那些老兵,感受到的是坚定信念、担当精神和强大凝聚力。

他们坚守的是信念。那些老兵,曾经与雷锋共同生活过,深信雷锋精神能给我们的人生、社会带来强大的正能量。他们坚守"一生不愧为雷锋战友"的誓言,把传承雷锋精神作为实现个人价值和幸福的源泉。

他们担当的是责任。他们从社会需要中发现价值、发挥作用,每个成员立足本职、从我做起,关爱他人、奉献社会。

他们凝聚的是正能量。现在,"编外雷锋团"团员囊括多种行业、各个年龄段,人们自觉、自发集合在"编外雷锋团"旗帜下,传承着雷锋精神。

（2014 年 6 月 29 日《人民日报》）

贾立群

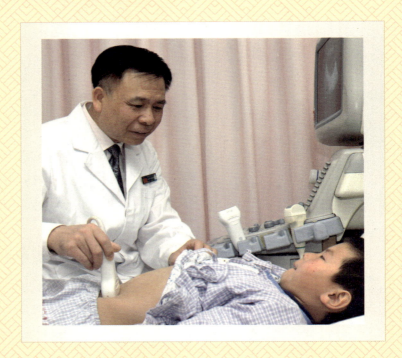

 小传

　　贾公立群，京城人氏。悬壶卅七载矣，诊疾凡七万例余，
慎超声科医师之职，患儿生命赖挽者，达两千余人。良医神技，
出自精勤，源于诚毅。即时接诊，昼夜不分；析疑释难，寝食
常废。缝兜拒贿，立高山之德；丹心播爱，得百姓之誉。赞曰：
医者仁心，贵在恒矣；党员高风，卓尔立群！

楹联

医者仁心，道德品牌添异彩；
患儿卫士，平凡岗位树丰碑。

（娄立剑）

救死扶伤，能医卅万真天使；
缝兜拒礼，不纳分毫好党员。

（吕可夫）

诗词

颂立群

刘迅甫

热血青春洒杏林，回生花朵已成阴。
三千岁月人依旧，不改悬壶济世心。

浣溪沙·咏贾立群大夫

戴丽娜

为拒红包兜紧缝，行医问诊最从容。相逢一笑漾春风。
练就金睛除病灶，精微技艺可神通。童颜绽放意融融。

通讯 TONGXUN

患者心中的"金字品牌"

◎ 白剑峰

贾立群，北京儿童医院超声科主任。从医37年，接诊患儿30多万人次，确诊7万多疑难病例。为了减少患儿等候时间，他26年顾不上吃午饭；他信守"24小时随叫随到"的承诺，挽救了无数危急重症患儿的生命；他缝死白大褂口袋，谢绝各种馈赠；他带领团队改革创新，将门诊预约时间从两个月缩短为两天。

B超神探——"我最大的追求，就是不能让孩子漏诊、误诊"

在北京儿童医院，一名患儿刚做完B超（B型超声波诊断），家长指着B超机问医生："大夫，您做的是贾立群牌B超吗？"医生笑了："这台机器加上我，就是贾立群牌B超。"家长恍然大悟，原来贾立群不是B超品牌，而是眼前这位医生的名字。

之所以引起家长误会，是因为贾立群做的B超准确率高，外号"B超神探"。每当遇到疑难病例，医生们都会在B超单子上注明"贾立群B超"。

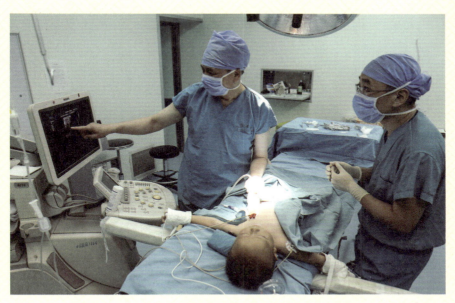

贾立群（左）在手术室为患儿做超声复查（张玉薇／摄）

多年前，有一对双胞胎姐妹患病。先被送到医院的是老大，当时只有两个月大，辗转多家医院，诊断都是"重度肝肿大、良性肝脏血管瘤"，治疗后不见好转。

贾立群判断，存在两种可能：一种是良性肝脏血管瘤，一种是恶性肿瘤肝转移。如果误把恶性当良性，孩子就没命了。

为了明确诊断，他反复在孩子腹部探查。终于，在无数个小结节中，发现一个黄豆粒大小的结节，在孩子哭闹时不随肝脏移动。贾立群认为，这就是"元凶"。孩子被诊断为肾上腺神经母细胞瘤肝转移。手术和病理结果证实了贾立群的诊断。

随后，父母又抱来了双胞胎妹妹，病情一模一样。可是，贾立群怎么也找不到孩子身上的原发瘤。他钻进文献堆里，终于找到答案：此类肿瘤会通过胎盘转移到另一个胎儿的肝脏。这种病世界罕见，中国仅此一例。双胞胎姐妹得到了最佳手术治疗，如今都已长大成人。

贾立群做 B 超, 最大的特点是认真, 为了确诊一个病例, 反复观察, 不放过任何蛛丝马迹。贾立群说:"我最大的追求, 就是不能让孩子漏诊、误诊。我不会把问号留给患者, 尽量把结论砸死了。即便不能确诊, 也要写清原因。"

河北一名 6 岁女孩, 被当地医院诊断为盆腔肿瘤, 本来第二天要做手术。头一天, 孩子妈妈来到北京, 希望再确诊一下。贾立群凭着多年经验断定, 是炎性包块, 不是肿瘤, 不必手术。妈妈不敢相信, 再三质疑。贾立群说, 穿刺看吧! 结果, 一针扎进, 脓液像喷泉一样涌了出来。当时, 妈妈扑通一声跪在地上, 泪流满面。

全天候医生——"只要我在, 24 小时随叫随到"

23 年前, 一位急诊科大夫对贾立群说:"贾大夫, 昨晚你可解决大问题了! 以后要是急诊再遇到这种情况, 你能来就好了!"贾立群说:"没问题, 只要我在北京, 24 小时随叫随到!"

自此, 贾立群成了"全天候医生"。他家住在医院南侧宿舍, 面积只有 40 多平方米。因为离医院近, 他一直不肯搬家:"住远了, 怕有急诊赶不回来。"

即便是假日, 贾立群都不敢走太远。一个周末, 贾立群正在理发, 突然接到急诊科电话, 他顶着理了一半的头发, 立刻往医院奔。

这些年, 贾立群几乎没睡过一个囫囵觉, 衣服就放在床头凳上, 随时准备起来。有一天夜里, 他被电话叫起来 19 次。每次都是刚躺下, 电话铃就响了, 他赶紧穿上衣服, 跑到医院。妻子说:"你这一宿, 净做仰卧起坐了。"

一天早晨, 同事发现贾立群好像哪里不对劲, 仔细一看, 一只脚穿的新鞋, 一只脚穿的旧鞋。原来, 他忙活了一夜, 直到临近清晨 7 点才回家躺下。打了半个多小时的盹，就被上班闹铃吵醒了。匆忙间，压根没意识到穿的不是一双鞋。

不吃午饭大夫——"孩子们饿着肚子等着呢，我去吃饭不合适"

B超诊室外，队伍排成"长龙"；B超室内，孩子哭声混杂着大人的摇铃声。在如此嘈杂的环境中，贾立群总是笑容可掬，不急不躁。

"大夫，我家孩子几点才能做上？"面对焦急的家长，贾立群耐心地说："我吃午饭前，肯定给你做完。"孩子家长半信半疑："这么多人，午饭前怎么可能做完？"后来，家长们才发现，贾立群没有说谎，他根本就不吃午饭。当所有的孩子都做完了，还没见他吃饭。后来，患儿家长都传开了，B超室有个"不吃午饭大夫"。

贾立群一天吃两顿饭，早饭之后，晚上七八点才回家吃第二顿。有时，同事看到他在B超单上签字的手都在颤抖。他说："没事，我20多年不吃午饭，习惯了。那么多孩子都饿着肚子等着呢，我到点儿去吃饭，不合适！"

给孩子做B超，是一件苦差事。孩子哭闹不说，拉屎拉尿是常事，弄得医生的白大褂上总是尿迹斑斑。贾立群说，给尿道狭窄的患儿做B超，需要患儿先憋住尿，等到尿的瞬间，探头才能看清尿道。但是，很多患儿不配合，有时等半天不尿，有时刚上床就尿。为此，他只能拿着探头等尿点，最长等过一两个小时。

贾立群心很细。冬天，他总是把耦合剂放在手心里焐热了，再涂在孩子身上。后来，他干脆把耦合剂都放在暖气上烤，啥时用都是热的。

贾立群哄孩子有绝招。他的B超机上贴着卡通画，旁边放着玩具，都是儿子小时候玩过的，有毛绒玩具、塑料汽车、拨浪鼓等。玩具的"消耗率"很高，许多孩子做完 B 超要走了，手里的玩具也不肯撒手。遇到哭闹不止的孩子，他就把 B 超屏幕转向孩子："这是个山洞，一会儿会跳出来一只小白兔，不信你看。"孩子果然不哭了。还有的孩子，一看见白大褂就哭，他就把白大褂脱了，穿着便服做检查。

缝兜大夫——兜是缝住的，心是敞开的

贾立群的白大褂很特别。没有名字，但每件都能叫人一眼就认出。因为他的白大褂只有上面一个兜，下面两个兜被缝死了。为什么？躲红包。

最初，有的家长为了感谢贾立群，悄悄往他兜里塞红包。他说不行，可家长们以为他客套，就硬往兜里塞。你推我搡，来回撕扯，白大褂的两个兜就奔拉下来了。后来，贾立群干脆把兜撕下来。可同事们说："您这白大褂怎么没兜呀，看着特像厨房大师傅。"他一听也对，就让护士长把兜缝回去，还特意嘱咐把口缝死了。此后，再有家长塞钱，怎么塞也塞不进去。贾立群乐了："兜缝着呢，您甭塞啦！"

可是，家长们还是想出各种花样表达谢意。把红包夹在杂志里，趁他上厕所把红包别在他裤腰带上……然而，贾立群每次都能"完璧归赵"。数不清有多少回，家长放下红包撒丫子就跑，贾立群冲出去就追，医院保安还以为追小偷，也帮着拦。

贾立群名气大了，一号难求。有人想私下塞红包加号，一律被拒绝。但是，有的家长想出一招，等他上厕所时，摇着他胳膊恳求加号，贾立群没办法，只好说："别摇了，我给加！"从此，每当贾立群上厕所，都有家长跟进去摇胳膊加号，戏称"摇号"。

（2014 年 7 月 30 日《人民日报》）

短 评 DUANPING

用医德医术赢得信赖

◎ 剑 客

贾立群，一名普通医生，加上一台普通 B 超，在患者心中树起了一个响当当的品牌。他把工作当事业，把患者当亲人，把付出当快乐，做人做成了品牌，生动诠释了大医精诚的内涵，堪称践行社会主义核心价值观的楷模。

俗话说："德不近佛者，不可为医；才不近仙者，无以为医。"一名好医生，必须兼具高尚的医德和高超的医术，二者相辅相成。贾立群用朴实的行动，树立了医德与医术两座高峰，赢得了患者的信任和敬仰。

一台普通的 B 超，一位平凡的人，成就了一项伟大的事业。贾立群用心做事，精益求精，力求拿出"砸得死"的结论，不让一个孩子漏诊、误诊。他的每一份诊断报告，都对得起自己的良心，对得起家长的信赖。他坚守"24 小时随叫随到"的承诺，无怨无悔，体现了对生命的敬畏与尊重。他深怀慈爱之心，认真对待每一位患者。把耦合剂焐热再用，把白大褂口袋缝起来……这些看似微不足道的细节，散发着医学人文精神的光芒，传递了正能量，温暖了患者心。

"贾立群牌 B 超""B 超神探"，这是患者心中的"金字品牌"，也是一位医者的至高荣誉！

（2014 年 7 月 30 日《人民日报》）

中国国际航空股份有限公司 "金凤乘务组"

小传

　　金凤乘务组者，乃国航之精英也。组建及今，凡二十载，其德恒也。丹心与旭日同辉，仁爱与白云共洁。非典肆虐时，慷慨赴家国之难；汶川震恸中，仁义写同胞之亲。专机数载数度，不负光荣使命；蓝天种情种义，绘画绚丽青春。抱信念以标风节，秉忠诚而显精神。嗟乎！雷锋精神，长风万里；时代楷模，懿范长存！

楹联

赤胆青年，一腔爱献航空业；
蓝天金凤，廿载笑留旅客心。

（卜用可）

金凤情深，机上一群美巾帼；
蓝天爱满，云端万里活雷锋。

（吕可夫）

诗词

鹧鸪天·礼赞蓝天上的"金凤乘务组"
宋彩霞

展翼鲲鹏气象高，风华正茂立云霄。
一从亮相蓝天后，廿载芳菲万里娇。
情万缕，爱朝朝，满腔炽热掬风骚。
冲天必有凌云志，大写中华一代骄。

唱金凤乘务组
刘迅甫

祥云深处展奇葩，迎了朝霞送晚霞。
剑胆柔情连广宇，要播大爱遍天涯。

蓝天上唱响"中国服务"

◎ 白天亮

真美！每次国航"金凤乘务组"列队出现在机舱，总有人由衷赞叹。

是一种高度的职业美，更是一种让所有同行由衷佩服的进取美。成立 20 年的金凤组是民航业最闪亮的一张名片，在万米高空播撒着爱、传递着美。

责任美

"我们就是要在祖国需要的时候，召之即来、来之能战"

18 岁时考空姐，钟莉最想当国航的空姐，因为那是载国旗飞行的航班；进入国航，钟莉的梦想是成为一名"金凤"，因为最重要的航班常由"金凤乘务组"承担。

今天，刚满 40 岁的她是金凤组主任乘务长。说起目前全组 48 名"金凤凰"，她最自豪的是这群平均年龄只有 26 岁的年轻人，每逢急难险重总是主动请缨，像战士一样冲向一线。

最难忘炮火中的飞行。2011 年年初，利比亚炮声四起，中国启动史上最大规模海外撤侨行动。2 月 23 日，第一架

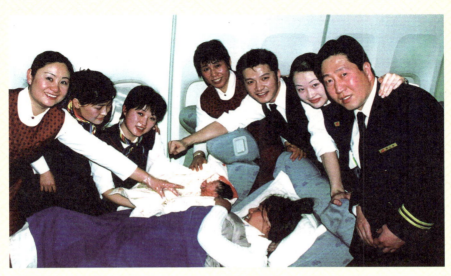

2003 年 2 月 9 日，在 CA939 航班上，金凤乘务组帮助一名孕妇顺利接生（新华社供图）

国航撤侨专机落地开舱，迎接饱受战火惊吓的乘客。"同胞们，我们受党和国家的委托来接你们回家了！"当金凤组温暖的声音传过，机舱内立刻爆发出"祖国万岁"的欢呼声。乘务长王建兵当天的日记中写道："今天我感受到了这身制服的特殊价值所在，我们就是要在祖国需要的时候，召之即来、来之能战。"

最自豪奥运保障。承担着北京奥运会圣火传递的任务，2008 年，金凤组执飞的"圣火号"包机飞越境外 19 个国家和地区的 21 个城市，创造了中国民航史上单机在外连续飞行时间最长的纪录。

最严峻的考验是"非典"。即使疫情最严重的时候，金凤组也坚持让乘客们看到一双带笑的眼睛，有的空乘还在口罩上画出微笑的嘴唇。"虽然口罩让我辨别不出你们的面容，但通过你们的眼睛，我体会到了真心和真情。""非典"期间一名乘客的来信，"金凤"们至今难忘。

进入金凤组，工资不涨一分、工作还更忙碌。但每到选人时，国航数千名空乘总是争先恐后，他们看重的是什么？"有机会在祖国和人民需要的时候，为国分忧、承担重任，这是所有空乘最高的荣耀。"中航集团党组书记王银香说。

敬业美

"成为一名'金凤'，就是要把平凡的工作做好、做精、做成'中国服务'的标杆"

对空乘工作，外界有两种截然不同的看法。一种是"高大上"的，常常会投来艳羡的目光；一种则认为是"伺候人的"，不就是送水送餐盖毛毯吗？

"我们的工作的确很平凡。成为一名'金凤'，就是要把平凡的工作做好、做精、做成'中国服务'的标杆。"培训新组员时，金凤组首任主任乘务长耿丽萍总要重复这句话。

每飞一个航班，金凤组空乘都要经历一次考评。十项服务标准，根据执飞状况一一打分。季度末，数百次分值汇总，作出绩效评定。每年还有一次应急大考，急救知识、应急处置、最新设备应用……上百项考试内容。其他空乘允许多次考试后达标，"金凤"必须一次通过。

每天都有案例分析会。钟莉记得，有一天飞完所有航班，已是夜里11点，但当天国航的某个航班上出现了乘务员不同意孕妇使用头等舱卫生间继而产生争执的事件，几名在公司的组员立刻聚在一起研讨。遇到特殊情况，服务规范是否可以适当调整？最佳的处理方案应当是什么样？大家你一言、我一语热烈地讨论起来，连夜写好案例总结。

服务，就是在这一点一滴的钻研积累中提升的。几年来，金凤组编写了《客舱服务案例汇编》《经验汇聚地》等手册，成为国航乘务员最贴心的服务指南。

什么是最好的服务？"我刚做空乘时，行业内说得最多的是微笑、热情。"钟莉说，"现在我们认为，最好的服务是在乘客需要时提供个性化的、适度的服务。"

"我们的'金凤'，是多领域、专家型的空乘。"中航集团总经理助理林明华说。现在，国航每条新开航线，都交给金凤组率先执飞，由她们总结航线特点，协助制定服务流程。

真情美

"病人很幸运，他看到了国航天使的脸庞"

做服务工作，挨骂受气是平常事。航班延误、飞机颠簸、餐食不合口味……空乘都是第一个被抱怨的对象。

"'金凤'服务是高质量规范化的服务，也是用真情、真心赢得理解、换取信任的服务。"国航客舱部总经理黄宗瑛说。

真情是无保留的付出。一次，北京飞往旧金山的航班上，一名担架上全身瘫痪的旅客，身上插满呼吸管、进食管、导尿管。十几个小时的航程中，金凤组空乘一直贴身照顾，哪怕导尿袋渗漏出的尿液沾在了身上……目睹这一切，航班上的美国旅客动情留言："病人很幸运，他看到了国航天使的脸庞。"

真情是爱的担当。2009年，从北京出发的国际航班上，一名6个月大的女婴因呛奶发生窒息。飞机不具备立刻降落的条件，难道只能眼睁睁地看着一个小生命在身边逝去？乘务长付亚莉说："把孩子给我！"这位乘务长有行医资格吗？她能承担责任吗？周围人投来怀疑的目光。管不了那么多，付亚莉果断把婴儿呈倒立状抱好，推揉婴儿腹部，拍打婴儿肩胛骨，一下、一下、又一下……"哇"的一声，婴儿大量呕吐、缓了过来！婴儿母亲泪流满面，不停地感谢……

2013年7月，北京至香港一次长时间延误航班上，乘客情绪激动，有人开始摔东西。金凤组的空乘们全部走到旅客中间耐心沟通、细致解释。飞机到达香港后，当金凤组最后列队走出廊桥，不少乘客还等在那里，给他们送上热烈的掌声。

服务最好做，也最难做，因为你永远不知道下一秒钟会遇到什么样的要求。然而，在金凤组看来，这正是服务工作的魅力所在——"当我们终于创造性地化解了难题、换来乘客的笑容，我们会深深地爱上服务。"一位"金凤"说。

（2014 年 7 月 31 日《人民日报》）

短 评 DUANPING

爱岗敬业自精彩

◎ 晓 白

成立20年来，"金凤乘务组"展现出爱岗敬业的可贵品质，这正是社会主义核心价值观的重要体现。

爱岗敬业，"敬"是根本。"金凤乘务组"从不轻视工作中的小细节，每一个步骤、每一道程序都将其视为影响工作整体效果的重要方面，细心钻研、一丝不苟。爱岗敬业，就是要有这样一种对工作的敬畏之心，就是要始终保持高度的责任感。

爱岗敬业，贵在"热爱"。"金凤乘务组"努力进取的背后，是对工作深深的爱。爱岗敬业，就要像"金凤乘务组"这样发自内心地热爱自己的工作，愿意为工作吃苦、奉献；把工作不仅看作一个职业，更看作一项事业、一份使命。

谁都渴望人生出彩，到哪里寻找出彩的机会？"金凤乘务组"的实践表明，本职岗位就是展现自我的平台、追求梦想的起点，只要我们全身心地投入到工作中，爱岗敬业，脚踏实地，再普通的岗位、再平凡的工作，也会迸发出耀眼的光彩。

（2014年7月31日《人民日报》）

刘伦堂

　　刘伦堂者，湖北黄石人也，生前乃老鹳庙社区书记。为家乡脱困，辞富企业经理之职，履穷村创业之艰。承忘我之心，务实之风。廿年奋斗，集资办厂，兴商促贸，创亿元新村而奉社会；两袖清风，艰苦自任，公而忘私，仅三千存款以遗子孙。年过七旬，壮心不已。唯以乡亲为念，不向病魔低头。斯人虽清贫而逝，其言行如一之作为，将楷模时代，激励来者也。

楹联

奔走为民，一片丹心铺富路；
清廉如水，三千遗爱鉴高风。

（贾雪梅）

大德如泉，一生唯奉贤；
洁行似月，万古有光明。

（康永恒）

诗词

刘伦堂礼赞
宋彩霞

山中旧宅苦飘摇，鹤庙生柴带叶烧。
受命甘当铺路石，临危敢架上天桥。
平生只欠家人债，心海总思故里苗。
岁岁秋风金满地，芳菲红紫在今朝。

踏莎行·赞刘伦堂
高 昌

漫漫香飘，悠悠送暖。党员群众休戚共。
百家忧患系心头，双肩担起千钧重。
这缕真情，那些感动。金声玉振英模颂。
春风染去万山青，丹心写向中国梦。

通讯 TONGXUN

清廉如水　一心为民

◎ 曾祥惠　陶忠辉　万金光

2014 年 6 月 23 日晚 8 时，躺在黄石第五医院病床上，抢救 3 个多小时、刚刚从休克中醒来的刘伦堂，看到社区党总支副书记、管委会主任程冬生等几名干部围在跟前，便用颤抖的声音交代："社区物流园规划要赶紧做，村里还有 3 公里水泥路年内要修好，杭州路延伸要争取尽快上马……"

程冬生和"两委"干部们哽咽着，连连点头。

两天后，担任黄石市下陆区老鹳庙社区党总支书记 25 年、74 岁的刘伦堂积劳成疾，告别人间。

7 月 1 日，老鹳庙社区 2000 多名父老乡亲，扶老携幼，含泪送别他们的老书记，许多人泣不成声："你不拿公家一点东西，不占我们一点便宜，清清白白！""你为我们操碎了心，累得一病不起……"

群众需要的时候就要站出来

1989 年夏天，老鹳庙发展遭遇卡口。前些年红红火火的水泥厂打不开销路，机器停摆了；盲目投资 300 多万元

刘伦堂（中）清理小区垃圾

的彩色水泥厂，产品褪色，用户纷纷退货，也停产了；日积月累，村里人均负债高达1500多元。

这时，干部群众想到了刘伦堂。他们联名给乡政府写信，要求派刘伦堂重返村里，带着大家闯难关。

1985年冬，因成功创办水泥厂、每年为老鹳庙村提供10多万元收入，刘伦堂被公认为改革能人，选调到乡企业公司任经理。他拿着稳定的月工资，坐在明亮的办公室里，是人们眼中很有身份的人。

那天，乡党委副书记吴高炎找刘伦堂谈话，告诉他："伦堂，你老家老鹳庙村党员群众盼你回去，他们需要你。"

刘伦堂不能忘记，他初中毕业曾以优异成绩考取大冶师范，却因家庭成分政审不合格而未能被录取，30多岁才好不容易找到对象结婚。改革开放春风吹来，他获得了新生。他利用青草、米糠制作发酵饲料，先是帮助湾里40多户每家养起三四头肥猪，后又把新技术推广到全村

500 多户人家，带着乡亲们打开增收的门路，市、区、乡层层在村里召开现场会。

黄石是中国水泥之乡，闻名中外的百年华新，就在刘伦堂生活的地方。经过深思熟虑，他向村里建议，建一座水泥厂。村里马上采纳，并把筹建任务交给他。

因发酵饲料养猪名声大振的刘伦堂，很快争取到一笔贷款，请来华新技术人员进行工艺设计，购买了球磨机、煅烧炉，聘请了经验丰富的师傅。1983 年秋天，村办水泥厂点火冒烟，不久产品走向市场。

这是当年黄石市第一个农村集体兴办的企业，引来了市内外大批的参观、观摩者。厂里贷款一年后还清，老鹳庙的积累从零起步，刘伦堂也被推举为村委会副主任。

正值湖北大力发展乡镇企业之时，乡里重用刘伦堂。他十分热爱党和人民给予的新舞台，一头扑在工作中。1986 年 7 月 1 日，表现优秀的刘伦堂，光荣地加入了中国共产党。

此刻，吴高炎话语诚恳："我是你的入党介绍人。你在入党申请书中写道：'我是党的改革开放受益人。滴水之恩涌泉相报，我要把自己今后的全部生命，献给党和人民。'你应该还记得！"

刘伦堂心中的激情，一下子被点燃。他热血沸腾，果敢地作出选择："我 46 岁入党，今年 49 岁。虽然入党晚、年纪大，但要珍惜党和人民给我的干事创业机会，群众需要的时候就要站出来。现在乡亲们需要我，我就回去。""无工不富。"村支部书记刘伦堂主持第一次党员干部会，主动挑起担子，"我兼任水泥厂厂长。"

刘伦堂拿出省吃俭用积攒的 800 多元，找亲友借来 500 多元，带动乡亲们纷纷集资。3.5 万元救急款，让水泥厂沉寂已久的球磨机重新转动起来。这时，是他回村工作的第 13 天。

搭乘班车，带着馒头和白开水，刘伦堂到省城武汉推销水泥。推开武汉大学基建处办公室门，满头汗水的刘伦堂一头闯了进去。经人介绍的一个下陆籍老乡感动不已："好，我们就用你们的产品。我还要介绍其他高校用你们的产品。"自此，占全厂生产量1/3的近2000吨水泥，在武汉地区高校持续销售了七八年。

入冬，大雪纷飞。运送石料的300多米长的通道，坑坑洼洼，让拖拉机寸步难行。刘伦堂带领突击队，拉着4辆板车拖运石头填坑。他往板车上搬石头，手上扎出了一道道口子，鲜血浸染在石头上。他脱掉棉衣，数九寒冬，头上冒出豆大的汗珠。连续奋战4个多小时，终于抢通了水泥厂的"生命通道"。

凭着一股子拼劲、闯劲和韧劲，刘伦堂带领干部群众，使水泥厂起死回生，生产蒸蒸日上。几年间，村里还清了贷款和欠债，把村小学改造成全区最好的小学，"五保"老人得到赡养，困难户有了救济，乡亲们紧锁的眉头舒展了。"那些年，到水泥厂采购水泥的货车，还要排队呢！"时至今日，社区居民们依然记得那些红火的日子。

时代在变，为群众谋利益方式也要变

"时间不等人，人家都在带领群众抢着干、快致富。"1993年年底，刘伦堂参加下陆区组织的考察组，到乡镇企业活跃的荆州、黄冈等地参观学习，眼界大开，回村后当即召开党支部会，"只有加快发展，把集体经济的粑粑做大做圆，群众的日子才会好起来。"

老鹳庙前后都是山，石材资源丰富。说干就干，刘伦堂从水泥厂调出5名骨干，让他们分别牵头，筹划办起了建材厂、碎石厂、三磷灰厂、建筑队。

一时间，村里热闹起来，拖运建材产品的车辆进进出出。

500多名剩余劳力洗脚进厂，几乎每户人家，都有了一名家门口拿工资的工人，乡亲们可用的活钱多了起来。

村集体积累逐年攀升，一跃成为下陆区村级经济首强。

进入新世纪，东邻黄石团城山经济开发区的老鹳庙，也由村改为社区。

这是刘伦堂回村工作的第 11 年。他已年满 60 岁，下陆区这个年龄的人，早已退出村干部行列。但在换届选举中，他又一次高票当选连任党总支书记。党员群众的信任，让他更加清楚地意识到，自己肩负着为群众谋利益的一份沉甸甸的责任。

时任下陆区委书记罗光辉在社区蹲点，提醒刘伦堂："现在，老鹳庙融入城区的步子越来越快。那些在城镇上风向、居民稠密区建的石材企业，恐怕要考虑调整。"

10 多年带领群众脱贫致富的实践告诉刘伦堂，与其墨守成规、裹足不前，不如与时俱进、闯出一片新天地。"社区的五小企业污染环境，影响市容，不能再办下去了。"刘伦堂主持党总支会议，表明态度，"我们要关掉水泥厂，关掉石料加工厂，关掉铁矿加工厂，关掉炉料加工厂，早关早主动。""这可是社区的命根子啊。都关掉？"大家的心，提到了嗓子眼。"现在，发展要讲科学。光拼资源、污染环境的蠢事不能再做了。"思谋多日的刘伦堂，语气坚定，"许多投资商的眼睛盯着我们这里呢。关掉的企业留下了大片场地，能够吸引他们投资兴业。"

随后，刘伦堂带领社区"两委"一班人，四处招商，先后引进众联物流、万邦机电、华隆冷链等生态友好型企业。老鹳庙的发展，开始迈进与环境友好的新路。

刘伦堂没有一天不在为老鹳庙发展操心。他在黄石社区中第一个拿出 3 万多元，作了社区西部商贸城规划，因下陆招商引资项目用地需要，搁浅了；接着，他又把规划的眼光，投向社区北部，连续 3 年，在区人代会上提案，新建老鹳庙商贸新区，让失地农民安居乐业。这几年，

110

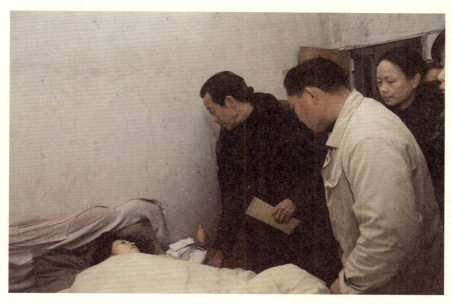

刘伦堂（中）看望并为重病妇女捐款

他多方争取，将老鹳庙列入全省社区产权制度改革试点，建立社区股份合作社，明确居民各项权益。

时间的脚步，走过了 13 个寒暑。2013 年年末，老鹳庙社区结账有喜：实现总产值 2.3 亿元，集体收入连续 10 年逾百万元，人均纯收入越过 8000 元，下陆区考核为全区 27 个社区之首。

2014 年开年，数次出入医院的刘伦堂，100 多斤的身子瘦成七八十斤。他拉着社区文书方扬奏，到毗邻的詹本陆社区，考察如何兴办城市服务业，不断增加居民收入。他来到下陆区人大，以区人大代表身份，询问自己提交的按照农村改社区征地返还 15% 的土地政策，解决失地农民就业的提案落实情况。

4 月 23 日下午，刘伦堂从家里来到社区党员服务中心。一楼到二楼几十步台阶，他走了整整 20 分钟。"时代在变，为群众谋利益方式也要变。"刘伦堂按着疼痛的腹部，额上沁出了汗珠。他在生前最后主持的这次社区两委干部会议上，反复叮嘱大家，"我 70 多了，党员群众连续四五届都选我出来当总支书记。我最担心的是自己思想观念落后，跟不上形势。我们要努力啊，要力争让老鹳庙始终走在黄石社区发展的前面！"

斯人已去，言犹在耳。目前，下陆区以老鹳庙社区为中心，正在着手修编老下陆生态新城规划。区委副书记陆宏江勉励参修人员："我们要记住刘伦堂书记的遗愿，把这件事关群众长远利益的事办好。"

这难那难，依靠群众就不难

老鹳庙的集体经济一年年好起来，事关群众利益的水电路基础设施建设需求，也一年年紧迫起来。好多时候，社区两委会讨论最激烈的问题，往往集中于此，大事不少，难事也不少。

每当大家在具体事情上感觉迈不过坎的时候，刘伦堂总要细心开导："这难那难，依靠群众就有办法。"

1998 年 7 月 21 日，大雨倾盆，老鹳庙一片汪洋。附近钢厂的炼钢焦油漂进了群众的饮用水井，被水围困的群众喝不到一口干净水。

刘伦堂心急如焚，带领"两委"干部，拄着木棍涉水察看。他在齐腰深的水里，向区委、区政府领导人用手机紧急报告，请求立即安排送水。当几台红色消防车劈浪为乡亲们送来救命水时，他已在水中等候 3 个多小时，身上已无一寸干处。

洪水渐退，刘伦堂来到群众中间，与大家商量，能不能兴办自来水，从根本上解决群众的吃水问题。

要办自来水，谈何容易！老鹳庙方圆 2 平方公里、10 个居民小组、17 个自然垮落、500 多户人家，铺管道、入家户，林林总总，没有七八十万元投入，想都别想。

这时，社区 10 多个居民从报纸、电视上看到，一个公益组织正在黄石协助灾后重建，马上给刘伦堂通气，并建议社区"两委"前去接洽。刘伦堂当即带领"两委"干部赶了过去。"你们资助的每分钱，我们保证都用在群众身上。当年投资，当年建成。"他们的真诚与坦率，通过了这个公益组织十分苛刻的考察，赢得了 21 万元资助。"今年，社区可不可以勒紧裤带过紧日子，拿出 38 万元积累办自来水？"刘伦堂征求"两委"干部意见，得到支持。

算去算来，还有一二十万元资金缺口，刘伦堂召开村民代表会，请大家出主意。"我们自己的事，自己也要挑担子。"很快，自来水入户设施的费用，落实下来。

老鹳庙筹资 78 万元，用 3 个多月时间，在下陆社区中第一个建成自来水管网，畅达各个居民小组。不过年不过节，居民们却用震天的鞭炮声，欢庆他们用上了自来水。

2000 年大年初三早晨，刘伦堂的手机三番五次地响起来，里面传来 8、9、10 三个居民小组相同的告急声："我家停电了！"

刘伦堂一听，坐不住了。他知道，这几个小组，共用附近一家大型钢厂的供电网络，线路老化、线损严重、电费奇高，居民已欠费好几个月。人家无奈才出此停电下策。

刘伦堂和 1 名"两委"干部来到钢厂值班室，拱手作揖："先送电让老百姓过个安稳年吧，电费节后一定交齐。"钢厂没有人不认识说话算数的刘伦堂，值班人员当即通知有关部门合闸送电。

节后上班第一天，刘伦堂请来钢厂、电力部门的 10 多名客人，开"诸葛亮会"，让大家出个长远供电的主意。"几十年来，钢厂兴旺发达，有老鹳庙居民护厂爱厂的奉献。""现在正值国企着手调整工农关系，优化发展环境。钢厂有责任参与解决这个老大难。""不如快刀斩乱麻，钢厂与社区，携起手来，彻底解决。"

解开困局的办法找到了。老鹳庙与钢厂合作，共同出资 90 万元，用两个月时间，改造、优化、升级钢厂连接老鹳庙三个小组的输电线路。

2000 年以来的 14 年间，合理的电费，和谐的气氛，使持续不灭的灯光，照亮了老鹳庙居民的生活。

老鹳庙一天天融入城区，联结 10 个小组的道路，晴天扬灰尘、雨天是泥巴，修建水泥路，提上了日程。

2004 年冬天，刘伦堂带着"两委"干部，走访群众，人们体谅社区的难处，提出建议："一口气吃不成个胖子，可以分年修、分段修。"

刘伦堂很受启发。自此，他带领"两委"干部，开始了 10 年修路"长征"，一年攻下一个阵地，铺设一段坦途。

刘伦堂带着"两委"干部，步行到下陆去了多少趟，自费坐班车到黄石去了多少趟，到省城武汉去了多少趟，没有人作出准确的记录。但他们争取到的 80 万元资金，却一分不少地用在铺路上，记入了社区堂堂正正的账本。"路修到哪里，群众的支持就到哪里。"平时舍不得多花集体一分钱的刘伦堂，在党总支会上慷慨大方："尽管社区积累还不雄厚，但我们要挤出资金回报群众。"这一来，10 年间社区修路支付了近 400 万元。

如今，老鹳庙的居民们，一出大门双脚就落在水泥地上，雨天打着伞穿皮鞋可以走亲戚。组组水泥路，户户水泥路，令他们百感交集："我们有了水电路，生活不发愁了。我们舒服了，刘书记的头发愁白了啊！"

群众"芝麻绿豆"事都要装在心里

2012 年 3 月 6 日上午，刘伦堂参加下陆区吴天祥事迹报告会，下午回来召开了两委会。他念了自己笔记本上的记录："几十年来，吴天祥抚养 36 个老人，无偿献血 570 多次，把女儿到交通银行工作的指标让给双目失明的邻居的孩子，每年在家里接待70多人次上访群众，帮100多个民工讨回血汗钱。"

接着，刘伦堂再次提醒大家："群众有事不找我们找谁？群众'芝麻绿豆'事都要装在心里。我们要像全国优秀党员干部吴天祥那样，群众找上门党员干部要帮到家。"

走进老鹳庙社区党员服务中心刘伦堂生前的办公室。书柜旁，挂着他走村串户时戴的两顶旧草帽，地上是他常常风雨中察看群众困难时穿的一双深筒胶鞋。

细细数来，刘伦堂留下的工作笔记、学习笔记、民生笔记，有20多本，其中民生笔记占1/2，记录着群众有求的大事小事。

五组居民江文胜，1986年高考失利，回乡跑运输，10多年只混个肚儿圆。他鼓起勇气，来到社区党员服务中心，让刘伦堂帮自己出个致富主意。刘伦堂戴着老花眼镜，在民生笔记本上一字一句记下他的话，站起身拍拍他的肩："小伙子，我一定帮你想办法。"

第二天一早，江文胜家的门便被"咚咚"敲响。刘伦堂带着"两委"干部找他来了："小江，组里有30亩荒山，你可承包种树养鸡。"两人越说越对劲，当即喊来五组组长，把承包合同写了下来。

刘伦堂熟人多，信息多，帮江文胜参谋、联系、购买树苗。当年，江文胜就种下了优质银杏1400棵、桂花5000棵。

转年开春，刘伦堂为手头拮据的江文胜，担保贷款3万元，让他砌好围墙，买来1200只鸡苗，又帮他请来技术人员现场指导。江文胜旗开得胜，一年养鸡盈利3万多元。

谁知再一年夏天，一场大雨冲垮了围墙，邻近的野狗闯入咬死六七百只鸡。刘伦堂和"两委"干部闻讯赶来，把蹲在地上一脸愁容的江文胜拉了起来："马上补好围墙，今年还来得及赶本。"

江文胜的信心恢复了。他照刘伦堂说的做，当年果然又盈利。

看到刘伦堂身体瘦弱,江文胜提着几十个鸡蛋去看望,被刘伦堂挡在门外:"你把自己的事情做好,有能力要帮帮别人。"

邻居刘珍香,年过花甲,家中贫困。江文胜就帮她买来100多只鸡苗,教她喂养、防病,一年收入6000多元,解了她家困境。

二组居民张整华,一家三口靠着一亩多菜地,儿子读书常常四处借钱。2008年春节后初七上班,他找到刘伦堂,反映困难。

"好,我来试试。"刘伦堂停下在黄皮封面民生笔记本记录的笔,给社区引进的法兰盘厂老板打电话。

"我已说好,明天你到那里上班。"放下电话,刘伦堂叮嘱张整华。

从2009年到2013年,张整华十分珍惜刘伦堂给他找到的饭碗,上班4年,每月2000元工资,让儿子顺利读完职校,有了稳定的工作。

2014年年初,张整华又接到刘伦堂的电话,要他转岗,到社区百乐幼儿园做门卫:"你年已五十有八,当门卫轻松些。"

张整华愉快地转岗了。听说刘伦堂病倒了,他心情瞬间变得沉重,在社区党员服务中心找到刘伦堂:"老哥,你怎么了?""我好着呢。"刘伦堂提醒说,"你要好好做事,这个门卫可以当好多年。"

张整华走出党员服务中心,才让强忍着的泪水无所顾忌地铺满脸颊……

群众高兴了,我们就开心

"矛盾化解了,社会就和谐了。"每当看到社区"两委"干部晴天一身汗、雨天一身泥,没日没夜为群众办事时,刘伦堂总要同他们说几句话,鼓励大家,"群众高兴了我们就开心。"

那是20多年前一个秋天的晚上,刘伦堂带着水泥厂副厂长张冬秀和村里一位副书记,登门拜访供电部门的一位负责人。当时,社会上有人看重办事要送礼。刘伦堂违心地花了 100 多元钱，买了 3 条鱼和一袋水果。进门不久，那位负责人的妻子把他们送去的东西，从三楼窗户扔了出去。刘伦堂连忙跑下楼，把鱼和水果一一捡起来："好事多磨，不管他要不要这些东西，我们还是要找他的！"

后来，那位负责人被刘伦堂宽阔的心胸感动了，把事办妥。20 多年来，刘伦堂常常高兴地谈及："感动人、办成事，是件十分快乐的事！"

2010 年 8 月到老鹳庙任社区助理的大学生村官占鑫，记忆犹新：2010 年 11 月的一天，有个被征地的小伙子闯进来，二话不说便骂人："你个外马子，算么东西。"骂着骂着居然动手打了占鑫几巴掌。刘伦堂急匆匆赶了过来："要打就打我，这事我负责。"看到刘伦堂额头上暴满的青筋，小伙子自知理亏灰溜溜走了。

长这么大第一次被人打，占鑫屈辱的泪水夺眶而出。刘伦堂走到跟前摸着他的头，低声说："受点冤枉吃点亏，都受不了，跟群众去计较，还有没有心胸，将来怎么做工作？"

当晚，刘伦堂带着占鑫，去了小伙子家，交心谈心。不几天，社区按照有关规定，把有关补偿落实到位。那个小伙子再次来到社区办公室，给占鑫赔礼道歉。刘伦堂比占鑫还要高兴："你看，我们受点气，换得群众服气，多好！"

社区工程，是许多人都想争吃的一块"肥肉"。2011 年的一天，别在腰间的手机响了，刘伦堂先接了电话，脸色由晴转阴，带着一位社区干部赶到工地。几个光着膀子、刺着文身的年轻人正在发威："今天谁敢动工试试！"旁边的工人都不知所措，原来是有人要抢社区新招标的工程。

见此情景，刘伦堂上前一步拿锹就铲。一个蛮横的青年揪住刘伦堂的衣领，凶狠地说："哪个让你动了，工程给谁做不是做？"刘伦堂大声说："这工程社区招了标，想闹事就先从我身上踩过去。"

看到刘伦堂义正词严，那些人软了下来，很快散去，工地恢复正常施工。刘伦堂笑着给大家压惊："怕什么？邪不压正。"

有一次，社区组织文艺晚会，临开演了，有个打鼓的队员没有来，电话又联系不上。刘伦堂听说，带着一名社区干部到那个队员的住所找人。因为不知道确切楼层，刘伦堂站在楼下，用沙哑的嗓子用力喊他的名字。楼上一户人家烦了，迎头泼下一盆水："你们吵什么吵！"虽然受了谩骂，身上淋个透湿，刘伦堂的叫喊还是喊出了那个鼓手。

社区文艺汇演很成功，老人、孩子们都乐开了花，刘伦堂笑得特别大声。

老鹳庙小学的孩子们热天在教室里汗流浃背，有人找刘伦堂论理："这学校，让伢们遭罪呀！"刘伦堂安慰他们："孩子是我们的孩子，学校是我们的学校。我们欠孩子们的马上补上！"

刘伦堂安排专人，用3天时间，在所有教室装了电扇。随后，做校门、建操场、忙绿化、添桌椅，刘伦堂领着大家，将学校建成了全省平安校园、全市绿色学校。他有空就到学校转转走走，脸上挂着欣慰的笑容。

千万不要让群众在背后指指点点

15年前，刘伦堂专门在自家屋前砌了个简单的院子，安上铁栅栏门。只要有人提着礼物前来，任凭敲敲拍拍，一律不开院门。

2013年年底，病情不轻的刘伦堂，反复提醒前来看护的儿子儿媳，不要打开院门，不要接受礼物。

大年三十，吃过年夜饭，刘伦堂开了一个家庭会。他从装有100多本先进模范证书的纸箱里，拿出2009年6月湖北省委颁发的"全省优秀党员"证书、1983年2月省委、省政府颁发的"湖北省劳动模范"奖章，用手轻轻抚摸："人活一张脸，树活一张皮。我担当党支书、总支书 25 年，最看重的就是让乡亲们过上好日子，要做到这样，就要行得正、走得端，千万不要让群众在背后指指点点。"

6 月 25 日下午，躺在家里床上，弥留之际的刘伦堂，好不容易才从枕头下摸出两张银联卡，颤颤抖抖递到儿子手上："我的手——是清白的，我没有给你们留下什么钱——"

刘伦堂非常惭愧，断断续续地讲道，前几年，自己拿出多年的积蓄 5 万多元买了保险。近 10 个月看病，又花去了省下的 3 万多元工资。平时，资助社区交不起学费的孩子，捐助生了重病的乡亲，为贫困家庭代交电费、水费，也花了不少钱。

7 月 1 日，刘伦堂入土为安。儿子到社区银行网点查询，父亲留下的中国农业银行卡上，只有 3600 元；另一张交通银行卡上，0.96 元。

2005 年冬天，从事建筑多年的刘伦华，三番五次找到弟弟刘伦堂，请求在社区安排一些建设工程。刘伦堂不答应："别再找我，我是共产党的社区书记，社区的活一点也不会给你。"刘伦华气得发抖："当年，我四处做工，挣钱让你读书。你这个白眼狼，哪是一个奶头子掉下来的亲骨肉？！"从此，近 10 年不与刘伦堂来往。刘伦堂远行时，他来了，大哭着长跪不起。

2014 年年初，党的群众路线教育实践活动展开，刘伦堂为"两委"干部作了辅导报告，再次重申："'两委'班子成员，不准用公款送礼、不准借工作之便收取礼物、不准以任何名义侵占公物、不准为亲朋好友谋私利。社区各项收入，全部对外公开，每笔开支必须经过居民理财小组审核。"

刘伦堂以身示范，带出了"两委"一班人和总支 60 名党员为民、务实、清廉的好作风。

程冬生记得，1998 年 7 月 21 日那场罕见的大雨，刘伦堂牵着他的手，在水中走了一个村庄又一个村庄，远远看见 9 组前面一座石桥上，困着

4个年老体弱的居民。"刘书记解下身上携带的一捆麻绳,涉过10多米及腰深的水,放开麻绳绕到石桥下方的高处,高喊着让受困老人攀缘麻绳涉水过来。刘书记在水中数度踉跄,险些被洪水卷走。"刘伦堂为了群众舍生忘死,刀砍斧劈烙在程冬生心里。曾有无数次,有人高薪聘请他外出做事。虽然妻子下岗,儿子读书开支压力山大,但他仍留在社区,从1987年6月任副主任、2005年担任主任以来,17年陪伴在可亲可敬的老班长身边,学习做人、学习做事,任劳任怨。

社区副主任程时贵记得,他分管城建、土地工作,刘伦堂给他"约法三章":"刘伦堂的亲友不能在社区揽工程,你程时贵的亲友不能在社区揽工程,社区'两委'成员的亲友不能在社区揽工程。"近10年来,社区大大小小的工程有近千个,全都卡在3个"不能"之外。

社区党总支一支部委员李明元记得,刘伦堂知道他有一手自来水维修的绝活,提醒他乡亲们随叫随到,不要收费:"你收人家一文,你这个党员干部便一文不值。"自1998年老鹳庙通自来水以来,他所在的1组90户人家,家家都找他修过水管、换过龙头,他真的一文不取。

刘坛湾有一处破旧的房子,木门窗早已挡不住风雨,自1997年1月19日老伴去世之后,两个儿子先后结婚离家,刘伦堂一个人在这里居住了17年。置身刘伦堂处处寒酸的家,人们无不感慨:"刘伦堂25年如一日,向党和人民交出了一份清廉如水、一心为民的优秀答卷。"

(2014年8月1日《湖北日报》)

(本章供图:中共湖北省委宣传部)

短评 DUANPING

端正做事照出为民情怀

◎ 林　辰

恪尽职守、心系百姓、光明磊落，刘伦堂用 25 年的坚守诠释了"为民、务实、清廉"的共产党人本色。

"些小吾曹州县吏，一叶一枝总关情。"基层干部离群众最近，说的每一句话、干的每一件事，群众都听在耳里、看在眼中、记在心上。

放弃乡企干部的"金饭碗"，为村企业"救火"忙前忙后；时时记挂着群众，哪怕是"芝麻绿豆"的事也要装在心里；做人清白，做事端正，"决不能让人戳脊梁骨"……这照见的正是刘伦堂实干为民的理想信念和价值追求。

"在大海的航行中，没有什么比一位强大的舵手更令人心安。"一位诗人如此写道。在基层，一名领头人就是一位舵手，坚守本色、一心为民，默默奉献、清廉如水，则人格魅力永存、事业之树常青。

（2014 年 8 月 28 日《人民日报》）

湖南长沙望城区公安消防大队

　　望城区公安消防大队，乃竭诚奉献之集体也。卅余年来，驻守雷锋故里，匡佑一方平安。以雷锋之精神，建队育警，尝践"有警必接，有灾必救，有险必抢，有难必帮"之诺，扶危助困，舍生忘死，趋赴汤火，怀蕴真情。及今，得其救者逾七百，复护财产十亿元。时人誉其为"社会之镇灾石，百姓之守护神"。赞曰：民与望者，如时雨也；国与倚者，如重城焉。

力抗灾魔，臂膀似山脊似铁；
情牵民众，心肠如火誉如金。

（朱荣军）

民瘼长怀，社稷镇灾之石；
雷锋犹在，庶黎润雨之风。

（叶子彤）

赠望城区公安消防大队
林　峰

浓烟起处英雄在，烈焰蒸腾壮士心。
何惧祝融千丈火，敢凭沸鼎炼真金。

临江仙·赞望城区公安消防大队
刘庆霖

使命在肩真卫士，万家犹乐牵情。雷锋大爱铸魂灵。
捐资帮学子，解困送明灯。
危难关头冲火海，为民能保安宁。男儿光彩照长城。
连心扶正气，携手做标兵。

雷锋故里消防兵

◎ 龙军　禹爱华

在雷锋家乡湖南省长沙市望城区，有这样一支消防队伍：他们以雷锋精神鞭策自己，进行着跨世纪的道德接力和传承；他们用行动诠释雷锋精神，爱岗敬业、助人为乐、无私奉献。这就是湖南省长沙市望城区公安消防大队。

锦旗背后的故事

在望城区公安消防大队办公室的墙上，锦旗密密麻麻、层层叠叠。每一面锦旗后面，都有一个感人的故事。

2006 年 4 月 18 日深夜，望城区黄金乡长沙金环塑胶制品有限公司出现火情，燃烧区存放着 22 个高 3 米、直径 1 米充装氟利昂的金属罐，还有 10 多个氧气瓶，一旦发生爆炸，后果不堪设想。面对险情，消防官兵毫不犹豫地冲进火海。由于火场温度过高，消防队员的衣服都已烤干，甚至都能闻到毛发烧焦的煳味。

经过两个多小时奋战，大火终于被扑灭，但是里面的金属罐和氧气瓶依旧让周围居民提心吊胆，消防官兵又在已经熄灭的火场坚守 4 个小时，直至第二天黎明。

消防战士汤达路来自四川绵竹，在"5·12"汶川地震发生时，他家受灾严重，但他仍忍着家园破损、失去亲人的悲痛，在北川灾区和战友们一次次冲进危房、一次次刨开废墟。

望城区公安消防大队建队以来，官兵灭火救援出动 6700 多次，参加社会救助 3420 余次，营救被困群众 850 人，挽救财产价值 10 亿多元。

特殊的点名仪式

"雷锋！""到！"每天早晨集合，教导员第一个点名"雷锋"，全体队员总会齐声答"到"。这个特殊的点名仪式，一直在望城区公安消防大队传承。

向雷锋学习、朝雷锋看齐是大队官兵们心中的道德标尺，贫困的孩子无钱上学，他们从工资中省出一份；孤寡老人生活无依，他们定期上门探望。他们让百姓真切地感受到"雷锋"就在身边。

望城区公安消防大队还和长沙市特殊教育学校结成共建对子，关注残障孩子，弘扬"雷锋精神"。望城区公安消防大队编制了全国首部盲文版《消防安全知识手册》，成立了全国首个消防特殊教育基地，编排了全国首套安全知识手语操，填补了全国消防宣传教育史上的多项空白，使该校师生接受消防安全知识教育率达 100%。

胡婷是大队官兵结成的爱心对子之一。2008 年，与胡婷结成对子的王金银接到赶赴汶川灾区抢险的任务，临行前王金银犯了难："这一走就是好几个月，胡婷的学业该怎么办？"作为战友的田原野接过接力棒，田原野退役，张定轩接过接力棒……爱心接力在延续，如今胡婷每个月都会收到来自张定轩的资助款。

"消防哥哥是我最尊敬的人。"在老师的翻译下，胡婷带着微笑用手语诉说着自己的心声。

不成文的内部规定

为了不影响居民休息，官兵早晨出操经过居民区时不喊口号；晚上 12 点以后出警，在不影响速度的前提下不拉警笛；扑救家庭火灾时尽量少用水，以减少水对财物的损失……望城区公安消防大队这些不成文的内部规定虽"微小"，却让当地百姓感到"服务的温馨"。

"放低姿态、诚信于民、服务于民"，这是望城区公安消防大队官兵在为企事业单位服务中的定位和目标。望城区某酒店负责人说起望城区公安消防大队，连夸他们服务周到。消防官兵主动上门为酒店员工提供消防知识培训，定期到酒店检查。

此外，望城区公安消防大队还深入乡镇农村，依托全区 40 多家农村书屋，建设消防志愿者服务站，配发消防宣传资料和灭火器材，把消防安全知识送进乡村的每户家庭，大大提高了农村的消防安全意识和防控能力。

望城区公安消防大队与地方合办"周末育才学校"，培养了一批电脑小专家、汽车修理工、等级厨师等实用型人才。

"我们在任何时候、任何情况下都坚持团结依靠群众，坚持学习雷锋，真正做到执法为民、救灾护民、灭火卫民、拥政爱民。"望城区公安消防大队教导员吴宏武说。

"全国公安消防部队学雷锋活动先进集体""全国公安系统青年文明号""全国公安机关爱民模范先进集体""雷锋式模范消防大队"，自 1978 年建队以来，望城区公安消防大队获得国家、省、市、区 240 多项集体荣誉。

（2014 年 8 月 29 日《光明日报》）

短 评 DUANPING

有魂的队伍不可战胜

◎ 李洪兴

面对冲天烈焰，他们舍生忘死，奋不顾身；关心群众疾苦，他们倾心相助，侠骨柔情⋯⋯"雷锋家乡消防兵，竭诚奉献为人民"。36 年来，望城区公安消防大队人人争当活雷锋，他们喊出的不是一句口号，做出的也绝对不是一种姿态，而是一件件落到实处的暖心事。"危险事找消防、紧急事找消防、困难事找消防"，望城群众危难时的本能反应，是对他们最由衷的点赞。

豪言壮语易出口，脚踏实地难坚持。"如果你是一滴水，你是否滋润了一寸土地；如果你是一线阳光，你是否照亮了一分黑暗⋯⋯"一万多个日日夜夜的坚守中，望城消防大队官兵正是以雷锋的精神丈量自己、激励自己，接过雷锋的枪，像雷锋那样去战斗，铸就了被群众称赞的消防队之魂。

人生如战场，有信仰的人无惧任何挑战。战场似人生，一支有魂的队伍是不可战胜的。

（2014 年 8 月 29 日《人民日报》）

柴生芳

小传

　　柴生芳者，甘肃宁县人也。年少囊萤，弱冠擢秀。既毕业于北京大学，复留学至东瀛神户，取学位而归。投身从政，矢志为民。自请赴定西任职，八年于外，愿而恭，治而敬，苦瘠备尝。三易署篆，直而温，刚而实，简廉未改。而勤敏笃行，人多称之者。年方卌五，以积劳之疾，竟卒于临洮任上。殡之日，县人临街泣送，感戴之深，莫此为甚也。

楹联

瘠土生春，尽浇心血为霖雨；
公仆践诺，但以勤廉立楷模。

（朱荣军）

夙夜在公，为国为民甘奉献；
辛勤不怠，论行论德仰风仪。

（金　锐）

诗词

赞柴生芳
高德臣

厚禄安居非所求，痴心只做拓荒牛。
铲平荒岭开新道，寻觅民生解党忧。
山路逶迤鞋踏破，家门冷暖梦空谋。
苍天洒泪殇良将，光照来人万古留。

鹧鸪天·柴生芳赞
焦俊芳

泪雨倾盆天柱殇，临洮父老痛肝肠。
山乡踏遍繁星倦，魂魄归来弯月凉。
知任重，奋图强，扶贫解困谱新章。
清风一缕流芳久，盛世开篇路正长。

像西北白杨那样挺立

◎ 时圣宇　银燕

他出身于农家，求学在燕园，海外留学取得博士学位，最终选择回到"贫困苦瘠甲天下"的定西。他工作 3 年，跑遍了全县 323 个行政村，行车 4 万多公里；写下 30 本工作日记，共计 170 余万字……

他就是甘肃省定西市临洮县原县长柴生芳。8 月 15 日凌晨，柴生芳倒在了自己的办公室里。法医检验结果为，重度睡眠呼吸暂停综合征加之过度劳累诱发心源性猝死。他的生命定格在 45 岁，定格在他倾注一生心血的临洮大地。

"以天下为己任，是一条无比艰苦却无比光辉的道路"

1969 年，柴生芳出生在陇东革命老区——甘肃省庆阳市宁县的山洼里，弟兄六人，母亲早逝，艰辛和贫穷贯穿着他的成长岁月。

十年寒窗，不负众望。1986 年，他以庆阳地区文科状元的优异成绩考入北京大学考古专业。

四年学成，报效桑梓。1990 年即将面临毕业的他，主

柴生芳（中）在临洮县中铺工业园调研

动选择回到西部，分配到甘肃省文物考古所。迄今他仍是最后一个从北京大学考古专业毕业回到甘肃省文物考古所工作的学生。

7年磨炼，再图深造。1997年，柴生芳争取到了去日本神户大学继续深造的机会，先后攻取了艺术史学硕士和文化结构博士学位。

2002年10月，柴生芳婉谢神户大学的高薪挽留，怀着报效国家的满腔热情回到祖国。北京、上海、香港、深圳等地的多个单位高薪虚位以待，然而，他又一次执意回到家乡甘肃，到省委办公厅工作。

对于这个选择，家人和朋友都表示不能理解，甚至是反对。

"你不好好在外面混个名堂出来，又跑回来干啥？"大哥柴生龙曾当面问过他。

"大哥，你看全国各地都在快速发展，甘肃老百姓还是那么穷，我回来就是想为甘肃改变贫穷落后的面貌做点贡献。"柴生芳回答。

131

　　2006 年，在甘肃省委办公厅已经工作了 4 年的柴生芳再一次提出了请求，主动请缨到最贫穷的定西工作。很多人对他的选择再一次提出了疑问："兰州的生活相对还算舒适，你肚子里又有那么多'墨水'，在省里一样也是作贡献，干吗非得跑到基层去吃苦？"

　　这个问题其实早已在他工作日记中给出了答案："以天下为己任，是一条无比艰苦却无比光辉的道路。"

　　从 2006 年起，柴生芳先后在安定、陇西、临洮任职，不管职务如何变，唯一不变的是他那"以天下为己任"的理想和追求。

"我能奉献给你们的，只有热血和汗水"

　　在柴生芳的心里，最惦记的是老百姓。在行动中，他一直在用自己的脚步丈量着县长到农民心坎的距离。

　　光明村、合好村、康家沟、苟家滩、打石坪……这是柴生芳在工作日记中手绘的一幅"村组地图"。临洮县南坪镇 22 个散落的村子，被他用黑色的签字笔在本子上勾画、串联起来。

　　谈起南屏镇"村组地图"背后的故事，临洮县政府办公室主任龙小林记忆犹新。在 2013 年"7·22"岷县漳县地震中，南屏镇受灾最为严重。震后，柴生芳跑遍了南屏镇的每一个村庄，实地督导每一个重建项目。有个村子路途遥远、交通不便，仅有 12 户人家，是南屏镇最偏远、最贫困、最落后的角落，也是灾后重建难度最大的地方。柴生芳翻山越岭，徒步近 4 个小时来到这个群众口中的"划不着山庄"，一一入户走访了解灾情。村民说："县长都到我们庄子上来了，我们再不能叫'划不着'了，应该改名为'划得来山庄'。"

　　走村入户，柴生芳听着群众的一声声期盼、一句句诉求。他在第 24 册日记的最后一页写下这样一句话："我能奉献给你们的，只有热

柴生芳（中）在临洮县中铺镇崔家山村农户家中调研

血和汗水。"

　　尽管离省会兰州仅 90 公里，有着兰州"后花园"之称的临洮县却一直顶着"国家级扶贫开发重点县"的帽子。如何扶贫是考验临洮主政者的第一道难题。

　　柴生芳上任之初的"第一把火"，便奔着"精准扶贫"而去。2013年 10 月 19 日，在柴生芳的提议下，临洮县从扶贫、交通、水利等 9 个单位抽调 30 多人，与他一起分赴 18 个乡镇做深度调研。

　　"那么大的阵势，还真是第一次见，柴县长是有了名的要求高、要求细，刚接到任务时心中还是很紧张的。"临洮县扶贫办主任常贵勤回忆着当时的情景。他们经过一个多月的调查摸底，形成了一份连文带表 140 页长的调研报告。

　　正是在这份报告的基础上，临洮县委县政府先后出台《深入推进"1236"扶贫攻坚行动实施方案》《临洮县建立精准扶贫工作机制实施方案》《建立贫困驻村帮扶工作队的意见》，为临洮县实施"精准扶贫"制定了战略规划。

在临洮县政府小会议室的墙上，挂着两幅全县地图。据办公室人员马德江介绍，这是柴生芳的"作战图"。地图上，临洮县每个乡村的地理位置处画着各式图形符号，有牛、羊、猪、鸡，有马铃薯、中药材、瓜果。这是因为柴生芳提出了"强村抓提升、弱村抓培育"的产业培育思路，给全县 323 个行政村全部确定了主导优势产业，这些符号是各乡村产业发展的着力点。

"省里一开始在划定精准扶贫示范县时，并没有把临洮放进去，后来就是因为柴生芳同志将这份工作做得非常扎实，才补加进去的。"临洮县委书记石琳对这位"副班长"给予充分肯定，"他不仅学术积累非常深厚，视野也很开阔，想问题做事情都有很高的专业水准，并且一点儿书生气都没有。"

2014 年 3 月，临洮县成为"全省金融扶贫试点县"，同时与甘肃银行签订金融扶贫战略协议，甘肃银行向临洮授信 15 亿元，解决了农户分散贷款难的问题。7 月，临洮县被列入全国 8 个"六盘山片区交通扶贫攻坚示范试点县"，争取到国家资金项目规划投资 9.75 亿元。这一切都与柴生芳的努力争取分不开。

"我就是放羊娃出身，国家用了我，还想再要啥"

"升官发财，请走他路，贪生怕死，莫入此门。"在第 22 册的工作日记中，柴生芳把这句话写在了扉页。

走进柴生芳的卧室，能想起来的形容词只有"简陋"，甚至"寒酸"。一张床，一个台灯，几件皆有缝补痕迹的衣服，两双鞋，床头的柜子上放着几瓶水，被子和床单洗得早已有些发白。

在妻子祁雪丽印象中，柴生芳很单纯。吃饭穿衣一点也不讲究，常年穿着两套西装，一件西装袖子是好的，但领子已经磨出了毛边，另一件西装领子是好的，可袖子和裤边破了。

"生芳离开的时候，留给我的，是工资卡上存了几万块钱的工资。他常常说，国家对我不薄，我就是放羊娃出身，凭自己本事，国家用了我，还想再要啥呢？"祁雪丽回忆起丈夫生前常对她说的话，"我一想，也对着呢。"

2009 年到 2011 年间，柴生芳在安定区担任副区长，主要工作就是外出招商。由于柴生芳"抠门"，这可苦了常年与他一起在外招商的安定区招商局副局长郑聪颖。柴生芳出差从来不住大宾馆，选的都是马路边上的小旅馆，即便如此，他也从来不住单间。为此，郑聪颖还曾多次向柴生芳表示过"抗议"："柴区长，你晚上睡觉打鼾，和你一间我睡不着。"柴生芳回复："那你先睡，你睡着了我再睡。"在外招商的两年，柴生芳一直把"咱们出来要节省一点"这话挂在嘴边。

柴生芳经常下乡，却从来没有在农户家吃过饭。有一次在辛店镇宋家湾村走访，结束时已经到了饭点，村干部为了招待下乡的县长，就提前把土鸡炖上了。"到了饭点，大家又很饿，那个土鸡香香的，真的想留下来吃。"辛店镇党委书记韩有存说，"但柴县长坚持回到镇里的食堂再吃，我们哪好意思去？"柴生芳对自己的严格要求，也给身边的同事起到了示范作用。

在柴生芳遗体被送往定西火化那天，车缓缓驶过临洮县城，道路两边排满了面容悲戚的群众。"柴县长，一路走好""人民的好县长"……黑色的大字写在横幅上，写在报纸上，写在临时拆开的纸板箱上……表达着人们最真的心声。

生与死勾连的是一片短暂的时光。在有限的时间里，一个人该怎样实现自己的人生价值？作为一名领导干部，柴生芳忠实地践行着为民务实清廉的要求，他的回答如金石掷地，却又大音希声。

（2014 年 9 月 23 日《人民日报》）

他的血管里，流淌着"责任"

◎ 林治波　银　燕　时圣宇

2014 年 8 月 15 日，甘肃临洮县传来消息：县长柴生芳在办公室内睡觉时猝死。

消息传出，临洮人民悲痛难抑。临洮县随后披露了柴生芳离世原因：因重度睡眠呼吸暂停综合征加之过度劳累诱发心源性猝死。9 月中旬，记者来到临洮，走近柴生芳，还原柴生芳。

重症劳累致离世

临洮县公安司法鉴定中心出具的报告写明，柴生芳因重度睡眠呼吸暂停综合征加之过度劳累诱发心源性猝死死亡。这是一个比较专业的说法。柴生芳有睡觉打呼噜的毛病，而且比较严重。2014 年 8 月 4 日，柴生芳曾到北京同仁医院睡眠呼吸检测中心检查了身体。睡眠监测报告显示，柴生芳符合睡眠呼吸暂停低通气综合征诊断（重度）、低氧血症诊断（中度），建议尽快就诊，但柴生芳一直没重视，加上没时间，没有前去就诊。

临洮县政府办公室主任龙小林介绍，8 月 14 日，柴生

柴生芳（右）在临洮县中铺镇何家山村调研

芳从早上 8 点 5 分到办公室接待群众开始，连续工作了 17.5 个小时；
下午 6 点钟有公务接待，当时距离政府常务会仅剩 10 多分钟，怕赶不
上晚上的常务会，柴生芳连面条都没有吃上；晚 7 点 30 分，柴生芳主
持政府常务会，会议持续了 6 个小时，直至 8 月 15 日凌晨 1 点 30 分
才结束，中间没有休息。

　　县扶贫办主任常贵勤回忆："县政府班子成员总是凑不到一起，
柴县长也不想耽误大家周末的休息时间。"会议结束时，工作人员马德
江听见柴生芳说："不好意思，耽误了大家这么长时间，今天这么迟，
早点休息吧！"

　　8 月 15 日早晨，柴生芳原计划到 20 公里外的辛店镇参加专题民主
生活会，7 点 20 分，工作人员罗斌和马德江敲门未得到应答；7 点 40 分，
工作人员又敲门，敲门声音很大但仍没有应答。

　　罗斌和马德江打开房门，看到了令人心碎的一幕：柴生芳和衣躺

在床上，像是睡着了一样，面色有些苍白，送往县医院后经确认已经逝世。他右脚的袜子破了趾头大的一个洞，一片萝卜片咬了一口，也没吃完。

洮河含悲祭英魂

他是儿子、丈夫、父亲，也是县长。他的血管里，流淌着"责任"二字。

走进柴生芳的办公室，平常穿的2件衣服还挂在旁边的衣架上，一件衣服领子磨了毛边，另外一件衣服袖子却是烂的。整个办公室没什么像样的家具。

柴生芳有下班后写工作日记、看书学习的习惯，平时下班之后他就在办公室休息，方便办公和看书学习。县里本来给他准备了公寓，条件要好一些，他不肯去。

临洮县洮阳镇椒山社区居民张文卓曾因房子的问题上访数年，找到柴生芳后几经协调，解决了房子拆迁补偿问题，"接到我女儿从兰州打来电话说，给我们解决房子问题的那个县长去世了，我一听就特别心痛，不敢相信，一个那么好的人，怎么这么快就走了？"

康仲英老人因为发展牡丹产业的事和柴生芳有过三面之缘，在柴生芳的支持下，老人付出心血栽种的160多种牡丹苗壮成长。在他心里，一直感念这个好县长："听到他去世的消息，我的脑子就转不过来了！"他写了一副对联来表达敬意："柴生芳，临洮人民好儿子；大博士，中华民族优等生。"

8月18日，洮河含悲，临洮县城万人空巷。老百姓自发送别人民的好县长——柴生芳最后一程。大家打着各种各样的横幅，有正式的黑挽幛，也有用纸板做的，还有写在报纸上的"人民的好县长""一路走好"的词语寄托着人们无限的哀思。

殡仪馆里，默哀的人多得站不下，念生平事迹的组织部长哽咽难言。县委书记石琳走到柴生芳四哥面前——他长得最像柴生芳，两人相互拍着肩，大哭起来。

临洮县副县长杨东平写了两句挽联：劳心劳力，鞠躬尽瘁；为民富民，壮志未酬。

"那天柴县长的灵车从殡仪馆的西门出去，一直到定临路收费处的街道两边，全是送行的群众。"马德江说。

"柴县长"永远地离开了他守护的临洮，而在爱他的人们心中，多希望他只是睡着了……

平淡日子真切爱

在妻子祁雪丽印象中，柴生芳很纯粹、单纯。"第一次见到柴生芳，他外表看上去很敦厚，没有其他年轻人时尚的感觉，感觉和当时我们的年龄段不是很适合，但是人很有内涵，很沉稳，交往之后，觉得他就是我想要的那种人。"婚后虽然忙，但丈夫真切的爱，让平淡的日子暖暖的。

妻子朋友聚会，柴生芳发短信唠叨："老婆，太迟了注意安全，到了给我发短信。"妻子的女友请他们吃饭，他会悄悄地把单买了。自己的工资花得很节俭，尽量给家里用。父亲年迈，就从老家接到兰州照顾，回家只要有时间，他就给老父亲洗洗脚。

担任临洮县长之后，柴生芳工作特别繁忙。祁雪丽每周都盼着周末，尤其在有了女儿后，尽管他们很少能有一个团圆的周末。祁雪丽回忆，一次一家人出去散步，女儿突然说了一句：爸爸妈妈在一起真好！"听完这话他就一直看着我，眼眶就红了，那一刻，我觉得他很难过。"

"父爱如山！"在柴生芳的工作笔记上，这几个字反复地出现，被重复地描画。在写下这几个字的时候，也许他是想到老父年迈，未在

柴生芳（右）在临洮县中铺镇崔家山村调研

身边尽孝；也许是太想女儿，才会那样一遍遍地描画。

柴生芳的家人没有享受过什么特殊待遇，他关心、帮扶家族的方式，是鼓励下一代发愤读书、积极进取、凭自己本事立足。

在柴生芳的鼓励和影响下，侄子柴裕红和他五叔一样，本科毕业后赴日留学，拿到了神户大学的法律博士学位后，也选择回到了甘肃，成了兰州大学的一名年轻教师。

"他这一辈子，什么都没为自己考虑过。"祁雪丽难抑悲痛，直至柴生芳离世，一家人都没拍过一张全家照，"他走了之后，我细细想来，才明白了他。对一般的人来说，他傻；但是站在他的那个角度，他很满足。"

（2014年9月24日《人民日报》）

是什么掀起强烈的"心灵海啸"

◎ 林治波　时圣宇　银 燕

2014 年8月15日凌晨，甘肃省临洮县原县长柴生芳逝去，随着他的事迹为广大干部群众知晓，引发了一场强烈的"心灵海啸"。

不容易、不简单、了不起……干部群众对他发出由衷的评价。坚定信仰不容易，干的事情不简单，守得住底线了不起。

临洮县城万人空巷送县长；村民早上5点起床，匆忙赶往县城，只为送县长最后一程；牡丹种植户康仲英在追悼会上痛哭流涕……这一切震撼人心，亦引发思考。

"有两样东西绝不能丢弃，一个叫良心，另一个叫理想"

柴生芳出生于甘肃庆阳宁县一个农村家庭，1986年高考，他以庆阳地区文科状元的优异成绩考入北京大学。四年之后，他作出了人生第一个重大选择——回甘肃。

"啥，生芳要回甘肃？"亲人不理解：多少学子寒窗苦读数十载，跨出农门都是"孔雀东南飞"，流向发达地区，

柴生芳（右）在临洮县中铺镇王家沟村调研

为何他不同？

"柴生芳曾说过，自己是放羊娃出身，得过周围很多人的恩惠才有了今天，有机会他定要尽己所能报答父老乡亲。"柴生芳在省委办公厅工作时的同事韩纲回忆。

甚至连他的妻子也曾经奚落过他："你以为你是谁，你以为一朵鲜花能点缀出一个美丽的春天吗？"他无言以对，却仍然在坚守自己为民的初心。

"人的一生会遇到很多人，经历很多事，得到很多，也会失去很多，但无论如何，有两样东西绝不能丢弃，一个叫良心，另一个叫理想。"这是柴生芳对自己的叮嘱。

把脚印实实在在地踏在西部发展的最基层

2006 年，柴生芳打点行囊来到定西。摆在他面前的是恶劣的自然条件、落后的基础设施、既缺资源也缺资金。困难没有让柴生芳退缩，他一干就是 8 个年头。

甘肃贫瘠，发展是第一要务。2014 年来，甘肃省委、省政府围绕扎实推进 "3341" 项目工程，以项目带动地方经济发展，全力推进 "1236" 扶贫攻坚行动。由此可见，基础设施建设和招商引资项目尤为重要。

在陇西县，柴生芳参与筹建了陇西中医药文化产业园和李氏文化产业综合开发项目。在安定区，他推进了安定工业园、定西现代物流园、定西马铃薯循环经济产业园建设，促成了中国（定西）西部汽车城项目的签约落地。其中，仅西部汽车城就吸引投资 70 亿元，改变了定西市没有一级代理商的现状。

临洮县有着丰富的历史文化资源。"柴生芳到临洮来工作时，县里正在思考如何将'文化兴县'战略牌打好，将文化资源变成经济优势？柴生芳来到临洮以后，结合自己的专业优势，提出将重点放在对古文物遗址的保护发掘和开发利用，特别是在马家窑遗址的发掘和保护上，一下子就打开了我们的工作思路。"临洮县委书记石琳这样评价他的"班副"。

按照这个思路，县里精心编制了《临洮县华夏文明传承创新区建设实施方案》，谋划了 24.67 平方公里的沿洮文化产业带。

最后一刻，他心里装的，仍是群众的点点滴滴

记者在采访过程中发现，柴生芳在对照检查材料中有这样一段

143

话：虽然跑过的村不少，但在掌握基层情况和解决具体问题上做得还不够……

　　"柴生芳在民主生活会上进行自我批评时讲得最多的，就是为民还不够，走村访户还不够深入、全面。"临洮县委常委、宣传部长王在凯说，"其实他是常委里面下乡最多的人了，很多本县的干部都还没有他去的村多。"

　　据临洮县扶贫办主任常贵勤回忆，从2014年2月初至8月14日，他和柴生芳一起就走了181个行政村。其中柴生芳在"双联"行动中联系的辛店镇苟家山村，他去了11次之多。

　　苟家山村地处大山深处，平均海拔3000多米，交通不便，是临洮县条件非常艰苦的村庄。村民龚彩琴家就是他联系的贫困户之一。"柴

柴生芳（右二）在临洮县中铺镇何家山村田间调研

县长每次来都关照我们，有一次他给我们家不仅送来了米面粮油，还带来擦脸油、洗发水、洗衣粉，他一个大男人怎么就能想得那么细呢？"龚彩琴哽咽着说。

翻到柴生芳工作日记的最后一页："下午4时30分，在县文化中心主持召开全县捐资助学表彰暨优秀贫困学生资助大会，会议有六项议程。潘晓文全县理科状元，考入北京大学……"可惜这页笔记，没能记下8月15日的情况，时间永远定格在了8月14日晚。

最后一刻，他的心里装的，仍是群众的点点滴滴。

他以最朴素的方式诠释了什么是群众路线

事业未竟，柴生芳是带着遗憾离开的。但是他坚定的选择、为民的情怀、清廉的作风，引发了广大党员干部的共鸣。向柴生芳学习的活动已经逐步展开，人们越是走近柴生芳，越觉得真实，越能感受到他的魅力。

"柴生芳的事迹，最感人之处在于，他心中总是装着老百姓而唯独没有他自己！他干的都是为乡亲们谋幸福的事儿。"甘肃省委宣传部副部长、社会科学院院长范鹏说。

"这么多年了，他就是这样一个人。我们都在向他学习，我记笔记的工作习惯还是跟他学的呢。"作为和柴生芳共事多年的同事，临洮县副县长杨永吉最有发言权。

"我和大家一样，听了柴生芳的事迹，思想受到了深刻的教育，心灵受到了强烈震撼，为之深深感动。"定西市市长唐晓明说出自己的体会，"他是新时期党员领导干部的优秀代表，是我们贫困地区干部群众的优秀楷模，是自觉践行全心全意为人民服务根本宗旨的鲜活典型，他可亲、可敬、可信、可学。"

柴生芳只是千千万万基层干部中的一员，却以最朴素的方式诠释了什么是群众路线，什么是公仆情怀。送别柴生芳，大地上永远留下了一位人民公仆的精神与情怀。

（2014 年 9 月 25 日《人民日报》）

（本章供图：中共甘肃省委宣传部）

短 评 DUANPING

三次选择　坚守初心

◎ 时　谏

文科状元，北大高才生，留洋博士。柴生芳用三次选择坚守了自己的初心：第一次，回到西北；第二次，弃学从政；第三次，投身基层。他的每一次选择，都不为常人所理解，他舍弃的恰恰是很多人苦苦追寻的。

柴生芳的初心是什么？在他的日记中有这样一段话：每一次回到甘肃，都看到家乡好像被改革发展的大潮遗落了一样。对此，他非常痛心。旦复旦兮，唯愿不忘初心——这是他对自己的叮嘱，只想为贫穷落后的家乡多做一些贡献。

他本可以在省委办公厅一直发展下去，然而他却偏要到最基层最贫穷的地方，为贫困地区的老百姓谋最直接的福利，所以就有了三年走遍全县 323 个行政村，写了 30 本工作日记；所以就有了开门办公，群众随进随出；所以就有了变百姓的"上访"为他的"下访"……所以才有了，当他倒下的那一刻，临洮人民举家同悲送县长的一幕。

柴生芳的生命短暂而意义非凡，他用 45 年的人生历程树立了一个有理想、有抱负的人生坐标，树立了一个共产党人为民服务的标杆。

（2014 年 9 月 23 日《人民日报》）

王继才王仕花夫妇

小传

　　王继才王仕花夫妇，江苏灌云人氏也。去连云港数十里之遥，有岛名开山，为港埠之前哨，扼海门之险要。其仅弹丸之地，乱石嶙峋，台风肆扰，鸟兽罕迹，人烟荒绝。而其守此孤岛，迄今二十有八年。暑饱尝孤寂，备历艰辛，何尝有怨者？汐落潮生，振红旗之猎猎；寒来暑往，渐白发之苍苍。问渠何故，辄曰，惟诺耳。嗟乎！惟此肝肠，日月可鉴。

楹联

扼海驻疆，大潮屡奏激昂曲；
连心挽臂，孤岛长开恩爱花。

（金　锐）

梦枕碧涛，遥知故土千重绿；
旗辉红日，永照国门一片丹。

（朱荣军）

诗词

题王继才夫妇

高德臣

草深石怪浪拍胸，挺立悬崖一哨兵。
蛇鼠敲门声色厉，雄鸡懒对谷空鸣。
家乡远望奢谈孝，守土肩扛大写忠。
喜看国旗迎旭日，置身孤岛是长城。

踏莎行·夫妻哨所

刘长江

黄海前门，开山一哨，台风肆虐无飞鸟。
石多水少杳人来，水牢凶险狂涛啸。
守岛夫妻，为国报效，二十八载青春耗。
饥吞寂寞瞭狼烟，国旗冉冉星光耀。

通讯 TONGXUN

孤岛夫妻哨

◎ 王伟健

2014 年 9 月 8 日，江苏省灌云县燕尾港镇开山岛村党支部书记王继才回燕尾港镇置办一些日常用品。街上熙熙攘攘，热闹得很。对常年守在开山岛的王继才来说，这样的场景总觉得看不够。路过镇文化广场时，四周围满了人，人群中央，演员们正在演唱地方剧——花船剧。

"小船浪到河滩上。哎，大姐，你这船上装这么些蔬菜水果到哪里去呀？""是去慰问守岛英雄王继才、王仕花夫妇的……"花船剧曲调悠扬。

"哎，这唱的怎么是我们啊。"听到歌词，王继才有些不敢相信。

歌词的大意是，在一个远离大陆、荒无人烟、台风时常肆虐、面积不足 20 亩的小岛上，一对夫妻坚守边防，一守就是 28 年。短短半个小时的花船剧，让王继才听得热泪盈眶，因为这个花船剧讲的正是他们夫妇俩的真实故事。

守护小岛，为了一份承诺

开山岛，距离燕尾港大约 12 海里。虽然面积只有足球场那么大，而且位置偏远，环境恶劣，但在灌云县人武部政委肖军的心目中，这个岛却有着特殊的意义。"这里是黄海前哨，必须有人值守。"

但对当地人来说，这就是一个孤岛。

9 月 18 日，阴天，有风。记者乘船前往开山岛。远远望去，开山岛如同大海中孤悬的一盏灯，在上下翻滚的海浪中，时隐时现。

为了守这个岛，当地人武部找了不少人，住得时间最长的，也不超过两周。

1986 年 7 月，连续走了 4 批 10 多个民兵后，人武部政委找到了当时的生产队长兼民兵营长王继才。"王继才，这岛，只有你能守住！"政委了解王继才，这个汉子虽然没当过兵，但他出身于军人家庭，受到

夫妻巡岛

151

父亲和舅舅的熏陶，总是以一个军人的标准来要求自己。"军令如山，请政委放心。"那年，王继才27岁，大女儿才两岁。

"1986年7月14日早上8点40分"，这是他出发去开山岛的时间，王继才把这个时间永远地刻在了脑海里。当天晚上，外面海风呼呼，屋内点着一盏油灯，王继才害怕得一宿没敢合眼，盼着天亮，心里盘算着，第二天只要有船来，就离开这个孤岛。

但直到第四十八天，王继才盼到了一条渔船。船头，站着妻子王仕花——全村最后一个知道丈夫去守岛的人。王继才跳上船，抱着妻子就哭。王仕花不敢相信眼前这个胡子拉碴、满身臭气的男人就是自己的丈夫，又是心疼又是责怪："放着家里好好的日子不过，偏要来守这巴掌大的岛。"王继才一言不发，只是狠狠地抽着烟。

第二天，妻子拉着王继才的手，想把他拉到船上，可他平静地说："我想再试试。"无奈的妻子一步三回头，王继才看着妻子，含笑说："放心，没事的。"看着船渐渐消失在海平面上，这个汉子再也忍不住了，对着大海放声大哭。

令王继才怎么也想不到的是，不到一个月，妻子带着包裹，又上岛了。这回轮到王继才生气了。"你来干吗？怎么也不和我商量？"王继才问妻子。"你当初来的时候，跟我商量过吗？"妻子反问，"你能守岛，我为什么不能？"为了上岛照顾丈夫，王仕花辞去了小学教师的工作，将两岁大的女儿托付给婆婆。之后，夫妻俩一守便是28年。

"我不是没有后悔过，也曾打过辞职报告。"王继才说，1995年，他写好一份辞职报告，想亲自送到当时的县人武部政委的手里。当时的政委已是病入膏肓，见到王继才，政委说的第一句话便是："继才，你不守这个岛，便没人能守这个岛。答应我，不要放弃。"王继才内心翻滚着，手一直放在装有辞职报告的外衣口袋里，几次想拿出这张薄薄的纸，最后辞职报告被他偷偷揉成了团，始终没有拿出来。

采访时，记者问："是什么让你们战胜28年的孤独和困难去独守一个孤岛？"王继才的回答很朴实："我觉得我是为了一份承诺，既是对政委的承诺，也是对党的承诺。"

正是这份坚守，让开山岛长出了片片绿意。如今的开山岛上，王继才夫妇种下的几棵苦楝树已长成胳膊粗细，一棵在岩石中长出的松树，正顽强地生长着，房间旁边，一片野花怒放。

岛就是家，家就在岛上

早上6点多，起床；6点半，升国旗；8点，第一次巡岛。王继才夫妇来到哨所观察室内，用望远镜扫视海面一圈，观察有无过往的船只，看一看岛上的自动风力测风仪、测量仪是否正常。"你看，岛东边是砚台石，西边有大狮、小狮二礁和船山，这4盏灯每天都要看。"王继才指着海面上几处礁石上的灯塔对记者说。晚上7点左右，太阳快要掉落大海的时候，夫妻俩再次巡查一番。

一天的工作结束后，夫妇俩就要记录当天的情况。记者在岛上看到了这一摞摞的巡查日志，可以铺满整个桌子。虽然字写得歪歪扭扭，却是最为朴实的情感流露。

"2008年6月19日，星期四，天气：阴。开山又有人上岛钓鱼，老王说，上岛钓鱼可以，但是卫生要搞好。其中一个姓林的和姓王的说岛也不是你家的，卫不卫生关你什么事，老王很生气。"这是日志中的一段话。

开山岛孤悬大海，离岸边又不算太远，是一些犯罪分子向往的"避风港"，但对王继才夫妇来说，这个岛则是他们守卫的一片神圣领土。

1999年，当地一老板孙某看中开山岛，打着旅游公司的牌子，想在岛上开赌博场所。对于这种违法的勾当，王继才夫妇一口回绝。孙某软硬兼施，王继才夫妇始终不让步。恼羞成怒的孙某一把火便将王继才夫妇多年积累的文件资料、观察日志烧光。

"你能看到的日志，都是 1999 年以后的。"王继才说。

"2011 年 4 月 8 日，天气：晴。今天上午 8 点 30 分有燕尾港看滩船 11106 号在开山前面抛锚，10 点有连云港收货船和一只拖网船也在开山前面抛锚。岛上的自动风力测风仪、3 部测量仪都正常。"

在王继才夫妇的房间里，备有渔民需要的各种紧急物资，有药品、汽油、米面、蔬菜……这些年，开山岛像个海上"兵站"。"在这片海域打鱼的人，几乎都得到过他们的帮助。"开船的船老大这样说。

在王继才那里，记者听到很多他们帮助渔民的故事。有一年开春，一条渔船在开山岛附近被大风刮翻，4 名渔民掉进大海。王继才用绳子做成圈，硬是将 4 人从海里拉上岸。2009 年 9 月，渔民黄小国开着汽艇收海鲜，路过开山岛时发动机没了油，黄小国把艇靠向码头，用桶加油，烈日高温下，不慎引起大火，随时有爆炸的危险。王继才见到，赶紧将自家的两床被子抱来，往海水里一泡，盖在发动机上，终于把火扑灭。

王继才向大海中抛蟹笼捕蟹（沈鹏／摄）

在守岛日志里，更多的是升旗、巡岛、观天象、护航标这样单调的工作记录。"你们不会觉得乏味吗？"记者问。"当然会，不过，这样的日子过久了，也就过出味儿来了，你现在让我们到岸上去生活，听不到海浪声，简直无法入睡。"王继才说，"现在对我们来说，岛就是家，家就在岛上。"

守岛有了后继之人

"28 年来，光阴如刀，在你俩的额头刻下了难忘的记号。28 年来，岁月似笔，把你俩的双鬓涂上一层霜膏……你俩与大海结下了不解的情缘，把爱的种子栽培在开山岛……你俩无私的奉献精神，像开山岛上的灯塔永远辉煌闪耀……"这是当地人给王继才夫妇编写的《夫妻哨所颂歌》。

虽然只是守着一个孤岛，在这和平的年代里，这样的做法在一些人眼里显得有些无足轻重，甚至有些"傻"。但在灌云县委书记鲁林眼里，正是王继才夫妇的一份"傻劲"，让大家看到了平凡中的不平凡。"我们这个时代需要坚守承诺、爱岗敬业的精神。"他说。

2013 年 2 月，这个面积仅有 0.013 平方公里的小岛，成为全国最小的行政村，整个行政村只有王继才夫妇和两个极少在岛上的渔民。进入小岛，两块牌子显得特别引人注目，一块是中共灌云县燕尾港镇开山岛村党支部，一块是灌云县燕尾港镇开山岛村村民委员会，王继才是村党支部书记，王仕花是村委会主任。"当上村党支部书记以后，王继才每年能多一份收入，虽然不多，但相比以前每年只有 5700 元的收入来说，涨幅已经不小。"鲁林说，这也算是对王继才夫妇一点微不足道的回报。

岛上的生活条件也发生了翻天覆地的变化。两年前，连云港市给夫妇俩装上了太阳能离网发电系统，岛上第一次有了电，夫妻俩也在岛上第一次看上了电视。那晚，王仕花在值班簿里写下："我们一家人围坐在电视旁看春节联欢晚会，非常高兴，孩子们都说，今年的晚会真好看。"之后，灌云县还给王继才夫妇装上了太阳能热水器。驻当地部队把两人的住房修缮一新。每年建军节、国庆节、春节等节日，政府和部队的领导还会到岛上来看望王继才夫妇。

天安门国旗班第八任班长赵新风听到他们的事迹之后，送了夫妇俩一座标准的旗台和旗杆。2011 年年底，一座专门制作的 2 米长、1.5 米宽的全钢移动升旗台和 6 米高的不锈钢旗杆从北京运到了开山岛。

更令王继才夫妇高兴的是，守岛有了后继之人。来自山东潍坊的大学生村官王浩成为新加入的守岛人，每个月这个小伙子都要过来一周，与王继才夫妇一起守着这个看起来不怎么起眼的小岛。

（2014 年 10 月 13 日《人民日报》）

短 评 DUANPING

家国天下赤子心

一座小岛，一面国旗，两位民兵，28 个年轮，构成了一幅令人敬仰的人生图画，谱写了一曲守疆卫土的壮丽凯歌。"开山岛民兵夫妻哨"王继才、王仕花夫妇选择了奉献，选择了坚守，不愧为新时期的优秀民兵，不愧为捍卫国土的"守门员"。

家是最小国，国是千万家。没有国，哪有家？在王继才夫妇眼里，使命大于天，责任重于山。为了国防事业，他们舍小家为大家，弃小我求大我；为了海防安全，他们豪饮孤独当美酒，风雕雨塑洒青春。清贫孤独消磨不了他们的意志，单调寂寞冷却不了他们的激情。他们用实际行动在黄海前哨树起了一座忠诚使命、报效祖国、无私奉献的精神丰碑。

守卫国土，匹夫有责。每一名官兵都应向王继才、王仕花夫妇学习，始终把祖国和人民的利益看得高于一切、重于一切，坚持把职能当本能、把岗位当战位、把工作当事业，做到不辱使命、不负重托，坚决维护国家安全，捍卫国家主权和领土完整。

（2012 年 7 月 7 日《解放军报》）

汤庆福

　　汤庆福者，一普通共产党员也。其屡肩上海外贸系统之要职，奉公尽瘁而不为权财所腐。虽居寒陋，衣简素，犹自诫妻微儿，公私利便，一介不取。心之所系，惟公惟民；梦之所图，惟富惟强。辞世前夕，犹衔药执劳，未尝稍息。人叹曰："汤公所遗之富，虽饱读千经万卷亦未可得也。"呜呼，拓生命之宽度，立品致之标杆，其乃改革推进者，时代追梦人也。

楹联

高洁之操，早有廉声传海上；
忠勤其绩，长留嘉誉在人间。

（康永恒）

时代弄潮儿，贸易通联欧美；
中华追梦者，情怀感恸黔黎。

（金 锐）

诗词

题汤庆福
韦树定

追梦何人志不渝，浦江两岸诉三无。
金山财富遗黎庶，官品如斯是楷模。

鹧鸪天·题汤庆福
焦俊芳

黄浦江流泪雨潸，忠魂一缕荡人间。
洁身自律潮头立，忘我攻关夙梦圆。
葆本色，做臣贤，党员形象大于天。
复兴伟业中华愿，时代楷模万古传。

"当干部就得吃苦在前"

◎ 谢卫群

"**会**做小事，勤做实事，甘做苦事，勇做难事，乐做喜事，方能胜做大事"；"少玩点，多学点；少说点，多做点；少跟点，多想点；少要点，多给点"……

写下这些话的，是上海市原外经贸委副主任、上海市口岸办副主任、上海进出口商会会长汤庆福。2013 年 6 月 20 日，66 岁的汤庆福因心脏病突发离世。他离世已有一年多，但是，他的为官作风却依然为上海的广大干部群众传扬和学习。

"他的故事说起来一件件很平凡，可是，把这些平凡故事一一堆起来，就很伟大！"他生前的同事这样评价。

把生命融于事业中，本职工作做精彩才体现生命的价值

2013 年 6 月 19 日，汤庆福生命中的最后一天。

上午，按计划，身为上海进出口商会会长的他与副会长丁士英前往商委汇报工作。"20 日，要召开部分省市进

汤庆福（右）在工业园区调研

出口商会负责人会议，上海是会议召集方，汤庆福有一个主旨报告，他想听听商委领导的意见，同时报告会议的准备情况。"丁士英回忆。

早上出门时，老汤和妻子胡小风说好，下午回家休息一会儿，因为感觉有些累。可是中午离开商委，老汤给妻子打电话说：下午不回来休息了，还要去办公室改改明天的发言稿。去办公室的路上，司机仲跻华发现，他在吃保心丸。司机提醒他，不舒服就回家吧，发言稿就先别改了。他说："不行，会议主题重要，大家老远来讨论，我们要拿出真想法。"

晚上大约 8 点 30 分，老汤离开会场去医院看望入院的岳母。夜里近 10 点，老汤和一家人回了家，他对夫人说："我有些累，先睡觉了。"第二天早上 7 点多，老汤没起来，胡小风走过去推他，这才发现，他已经没了气息……

汤庆福早知道自己的病情。但他说："让我不工作比死还难啊。"

他的同事李牧评价说，汤庆福不是不在乎生命，而是觉得把本职工作做精彩才能体现生命的价值。

"人家都说，领导退下来到商会就是养养老，但老汤不是，他总是有新目标，而且都是很高大的目标，很多目标还具有开创性。"商会办公室主任杨云丽说。在商会短短5年，汤庆福提交给市政府并获得市有关领导批示的报告达到了23件。

2008年，是国际金融危机冲击下外贸出口下滑比较严重的年份。有进出口企业反映，洋山港的收费比其他港口高。听到这样的意见，他立即组织专题调研，编写上报了《外贸企业对降低货物进出洋山港费用有四盼》的情况反映，引起高度重视。当年12月，上海市政府推出6条改进措施，上海及长三角区域外贸企业都从中受益。

把上海建设成为经济、金融、航运、贸易四个中心，是中央交给上海市的光荣使命。2009年，有关金融、航运中心的具体任务已经由国务院发文确定，贸易中心建设怎么推动？汤庆福依据自己从事外贸工作30余年的积累，以及走访调研的情况，写下了《上海国际贸易中心要研究的十大问题》。因为这篇文章，已退休3年的他又被请进了上海国际贸易中心建设领导小组。

勤做实事，甘做苦事，勇做难事，当干部才能充实踏实

在人才济济的上海外经贸领域，汤庆福最初的学历只有大专，他是在军队服役18年后，1984年转业来到外经贸委的。但是，到1990年时，他已成为外经贸委的研究室主任，成为外经贸领域的"大笔杆子"和专家，此后又先后担任了秘书长、主任助理、副主任等职务。上海外经贸的配额管理改革、大通关、WTO策略应对、跨国采购、华交会、服务外包等一系列改革发展思路都出自他之手，他也是这一系列改革的

重要操作者和推动者。

在同事的印象中，他最大的爱好是买书、读书，极少参加应酬娱乐。在单位，他常常是最后离开办公室的人之一，除了处理日常的工作，就是大量阅读。他还一边工作，一边完成了中欧工商管理课程的学习。

"想得出、干得成，敢创新、敢担当"，这是外经贸委同事对他的评价。

1997年，亚洲金融危机爆发，上海外贸出口下跌。此时，汤庆福通过调研提出了"重点外贸企业工作法"，由外贸处室把全市排名前100位的企业列出，对企业进行重点跟踪、帮助。这在当时属于首创，为企业解决了不少问题，这一套管理办法后来一直延续下来。

还是1997年，为顺应WTO知识产权和服务贸易的要求，汤庆福还力推在外经贸委设立了服务贸易处，这是全国首创。

1999年，上海工业还是以重加工、劳动密集型为主，但是，汤庆福已提前意识到发展先进制造业对上海经济社会发展的战略意义。这一年，他和同事们积极筹划、四处奔走，终于，上海国际工业博览会应运而生。2006年，经国务院批准，上海国际工业博览会正式更名为中国国际工业博览会。目前，这一博览会已成为中国工业博览会的顶级盛会。

多给点，少要点，做人做事做梦才香美

接触过汤庆福的人都知道，他对工作要求很高。有一次，工作人员写工博会新闻稿，稿件送给他看，他详细问：为什么三个占比数字相加只有99.9%，还有0.1%呢？"出现数据必须精确，哪怕0.1%也不能随意。"

可是，他对自己的需求要求却很低。与他一起办工博会的同志记得，在酒店开各部委的协调会，他因为忙于报告错过了午餐时间，工作人员

说，我们给你叫碗面吧，再加个青菜。他说，只要一碗面，青菜不要了。只要一碗面，这是汤庆福的一向作风。多给点，少要点，做人做事做梦才香美。

出差出访，当时，按照汤庆福的级别，可以坐公务舱，可是，他只坐经济舱。出访沙特办展，他是团长，又是国际长途飞行，按理也可以坐商务舱，可是，他不同意，与大家一起坐经济舱。到了沙特入住宾馆，按理住个单人间也是不为过的，可是，他坚持与同事合住标准间。

汤庆福过了52岁才提上副局级干部，在许多人眼里他提得太晚了。到2007年退休时，他在副局的岗位干了8年。现任商委秘书长、机关党委书记俞建明回忆：8年间，他从没有为自己的级别之事找过领导。汤庆福以为，级别是为了工作，现在的工作很好，就不用去谋求级别了。

外经贸工作大都与企业打交道，他涉及的企业在6000家以上，但是，他每次下企业调研，从不在企业吃饭，几十年来如此。他分管的外经贸这一块，都是人们羡慕的"肥缺"，特别是当年还有出口配额时，但是，汤庆福从没有为自己、为朋友递过一张纸条。

刚到进出口商会出任会长，正好遇上国际金融危机，汤庆福为减轻商会支出，降低标准，一直拿常务副会长级别的工资。2010年商会在制定新的工资分配方案时，他又主动缩小与下属之间的收入差距。

（2014年10月27日《人民日报》）

守住公与私的底线

◎ 谢卫群

2013 年6月27日，举行了汤庆福追思会。这一天，大雨如注，但是，来参加追思会的人却爆棚。"大家为汤庆福送行，更重要的是向他的为人为官致敬！"企业代表这样说。

汤庆福对待公与私的把握一直为大家敬重，"汤庆福给自己划了一道底线，坚守了几十年。"商会同志这样说。

对家人：公车公权，不能私用

汤庆福在原外经贸委的司机为他开了十多年的车，可是，在追思会上才认识了他的家人。汤庆福很早就有公车，但是，他的老婆孩子从来没有搭过车，他也不允许家人搭车。"公车公权是为公事服务，家人不可以享受。"这是他的底线。

汤庆福的儿子汤奕飞记得，上中学时，学校离家远，交通不便，步行到校需45分钟。每天一早，由母亲胡小风骑自行车带他上学，风雨无阻；放学，他一人步行回家。有一次，脚受伤了，汤奕飞问爸爸：明天上学可以搭你的车吗？汤庆福说，不可以。于是，妈妈还是像往常一样用自行车带着他上学。

2012年11月,汤庆福到瑞金医院看朋友,顺便检查一下自己的心脏,结果被医生收住入院,因为事发突然,没有带任何的洗漱用具和衣服。他给司机仲跻华打电话:"我住院了,一时回不了家,你先回去吧。"司机问:"要不要我去家里把你爱人接来,顺便带上生活用品?"他说:"这不是你的事,你就回去吧。"随后他给胡小风打电话,告诉了她自己住院的消息。胡小风提着一大包东西,挤着公交车来到医院。之后每天来往医院,胡小风都是挤公交车。

对孩子:不给压岁钱,只给"压岁言"

"对于汤庆福的这种严,你们怨不怨?"记者问胡小风和汤奕飞,他们异口同声地说:"不怨。"

胡小风说,汤庆福的工作非常忙,经常到家还在写东西,但是,只要有空,他就会干家务。"我说,你工作很忙,就不要做这些事了,休息休息。他却说,我做家务就是休息呀。"有时,他会陪小风一起逛菜场买菜;如果小风累了,汤庆福会穿着运动短裤,骑自行车自己上市场买菜;客人来了,还会下厨做饭。

银婚纪念日这天,汤庆福邀请全家到西餐厅就餐。他订了大蛋糕,还亲手制作了幻灯片,用大量照片记录了全家的幸福生活。在悠扬的音乐声中,蛋糕推出来,画面很美很温馨,胡小风当场就落泪了。儿子汤奕飞也深深感动,他在心里说:"谁说会工作的人不懂浪漫?"

汤庆福没能给儿子太多的物质享受,但是他给儿子的精神财富却让他终身受益。汤奕飞说:"爸爸妈妈从没有给过我压岁钱,但是,爸爸每年春节会给我'压岁言',许多'压岁言'已经成为我一生的精神支柱。"在那些"压岁言"里,有许多人生的智慧和正能量:"珍惜时间的人，一分钟放大成一小时，忽视时间的人一小时缩减成一分钟""会做小事，勤做实事，甘做苦事，勇做难事，乐做喜事，方能胜做大事"……

对自己：事业看得重，金钱看得轻

社会纷繁复杂，诱惑众多，为什么汤庆福能够抵制众多诱惑、洁身自好？汤庆福身边的同事和亲人的回答是：党的教育和他自己的信仰与坚守。

汤庆福去世后，胡小凤翻出当年恋爱时他给她的书信，每封信件都是长篇大论，除了谈工作，还探讨世界观、人生观。其中有一封信是这样写的：

"我对金钱没有奢望，对我来说，金钱作为一种劳动所得，只能发挥购取衣食和书报的作用，至于它还能带来更多的物质享受，我丝毫也不稀罕和羡慕。一个年轻人，如以金钱为重，斤斤计较于金钱得失，这是意志消沉、情操低下的表现。在我看来，金钱是许多坏事的根源。

在这种认识的支配下，我从 1968 年踏上工作岗位起，一直恪守这样的信条：第一，在自身修养中，必须把金钱置于末等地位，决不允许金钱出现在自己的奋斗目标上，也决不允许自己有限的时间和精力花在金钱上。在世界上，有的人把积累金钱作为自己最大的享受，我却把积累知识作为自己最大的享受。人为金钱所累，知识却为人所用。

第二，在待人接物中，必须排除金钱的参与和干扰……"

在妻子胡小凤看来，汤庆福务过农、当过工人、参过军，经过种种磨难，所以对事业看得很重，对金钱看得很淡。而在儿子的眼里，父亲用一生践行着自己青年时期就确立的人生信条！

（2014 年 10 月 28 日《人民日报》）

（本章供图：中共上海市委宣传部）

做个敞亮的共产党人

汤庆福的一生，散发着一个共产党人纯粹的特质和敞亮的人格魅力。

他爱岗敬业，务实求真，甚至把事业融入生命之中。虽然离开了一线岗位，但是，他依然心系外贸进出口的大事；他明知大限已经不远，依然在思索政府转型后社会组织的作用。

他热爱学习，勇于创新，破解一道道经济转型中的难题。从一个学历不高的转业军人，变成了外贸领域的业内专家。

他吃苦在前，享受在后，把一些本该享有的待遇放在一边。他在工作中常常协调各种关系，却从不为个人的事情找关系；他身居领导岗位，却少有官气，一如普通干部，做得多说得少。

他公私分明，把公权用在公事上，决不允许家人分享。他有公车，但是，老婆孩子从没有搭过他的便车；他分管着"最肥缺"的外贸企业，但是，他从没有为亲朋好友写过一张打招呼的条子。

他全身心投入工作，但是，对家人对同事又懂得浪漫与关爱。他不给家人留财富，却留下丰富的"压岁言"，传播着满怀关爱的正能量。

他克己奉公，给自己设下底线，并为此坚守一生。经济领域诱惑众多，但他不把金钱当作自己的奋斗目标，而是将积累知识、献身事业作为奋斗目标。

一个共产党员，面对种种诱惑，应该像汤庆福一样，坚守自己为人民谋利益的信仰，只有这样，才能抛却个人的得失和名利，成为一个身心健康的人，一个充满正能量的人。

（2014 年 10 月 27 日《人民日报》）

满广志

小传

　　满广志者，某集团军红军团团长也。才干卓异，视野广阔。放眼世界军事发展前沿动态，致力我军信息化部队建设。勇当开路先锋，深具探索精神。钻理论，研技术，编教材，稳扎稳打。绘蓝图于部队，陆空协同，战法创新；奉丹忱于祖国，废寝忘食，殚精竭虑。赞哉！强国之梦，重在强军；强军之魂，重在指技合一。如满广志者，睿智忠诚，明于使命。欣哉我军，军有先锋，国有干城。

 楹联

扬我军威，猛志能赢信息战；
张其剑胆，深谋不愧指挥员。

（康永恒）

信息当先，通联实现强军梦；
协同至上，网络传输报国心。

（文　伟）

 诗词

题满广志

高德臣

前沿抢占欲争锋，壮志强军数字中。
张网直观车定位，键敲挥指炮声隆。
排兵布阵荧屏里，掌控全局胜在胸。
但见信息沙场上，平添虎翼展雄风。

巫山一段云·题满广志

刘长江

铁甲黄沙障，银鹰雾隙穿。
陆空演练技非凡，技勇见双全。
布阵灾屏面，排兵网络间。
信息作战指挥员，键点靶飞天。

通讯 TONGXUN

信息化部队的开路先锋

◎ 冯春梅

凯旋！战车行至一座城市的边缘，远远地，师部大门口硕大的"凯旋"二字在暮色中闪亮。塞外大漠那场激烈演习的捷报早就飞传回来。率部荣归的是战车团队的年轻指挥员——陆军 38 集团军某机步团团长满广志。

40 岁的满广志，是全军优秀指挥官、爱军精武标兵，通晓信息化，通晓外军，通晓联合作战；曾全程参与了我军第一支信息化装甲合成营试点、第一支信息化装甲团试点、第一支信息化机步师试点，被誉为我军信息化建设的"开路先锋"。

"我就是想当个带兵打仗的指挥员"

"我谨向世界提醒一句 / 从我们这一代起 / 中国将不再给任何国度的军人 / 提供创造荣誉建立功勋的机会！"

满广志告诉记者，这是他特别喜欢的一首诗。

满广志出生在山东临沂革命老区，红色环境的熏陶和长辈的影响，使他自幼崇拜英雄，立志成为一名带兵打仗

满广志（前右）和官兵交流训练心得（穆瑞林/摄）

的军人。

　　1992 年，满广志参加高考，他坚持自己的梦想，以优异的成绩考上了国防科技大学。到国防科技大学的第二天，满广志就知道了自己所选专业属于纯技术范畴，与梦想中的带兵指挥八竿子打不着，退学再考的念头惊动了系队干部。队长鼓励他考研，说考研仍有机会去他向往的部队一线。4 年后，他考取了军事科学院国际战略专业的硕士研究生。在研究生毕业分配时，他向院党委递交了到基层部队任职的申请书。

　　有人劝他三思而后行，满广志的犟劲上来了，他说："我就是想当个带兵打仗的指挥员。"

　　1999 年 7 月，带着一纸命令，满广志来到了北京军区某装甲团任职。2010 年 3 月，在历经参谋、排长、连长、营长、师作训科副科长、团参谋长、师作训科长等 9 个岗位之后，满广志被上级党委任命为某机步团团长。

173

而满广志深知，他的指挥水平距离自己和部队的目标还有很长的路要走，一场极其艰难的信息化转型，就在不远的正前方等着他以及他的部队。

"敌人和机会，都在问题里"

与满广志交流，记者感受强烈的是，这是个满脑子"问题意识"的军人。满广志对自己有一个独特定位："找到问题，消灭问题！"

满广志把问题当作敌人，也看作机会。发现问题不放过，抓住问题不松手，解决问题不退缩。满广志利用一切机会扭转部队习惯思维和传统做法，在部队掀起学习信息化作战知识的热潮，并带头讲授信息化建设理论，梳理出 12 种不相适应的观念，组织解放思想大讨论，让每位官兵冲破羁绊，踏入"信息之门"。

信息就是战斗力！数据管理站、网络管理站和情报整编室是信息化部队的"中枢神经"。满广志在党委会上说："现代战争没有情报就没有决心，没有数据就没有决策，没有通信就没有指挥。这些岗位必须配强！"

经过紧锣密鼓的建设和训练，"两站一室"在历次重大演训活动中发挥了重要作用。"军事指挥员的问题意识，不是眉毛胡子一把抓，而是围绕战斗力求进取。"正是因为头脑中紧绷着战争之弦，满广志在暴露问题时能够坦然面对，在解决问题时能够抓住要害。

"没有英雄胆，哪能破强敌"

一位西方军事家曾说："最大的胆量就是最大的智慧。"满广志在练兵、谋战、破解难题上，可谓"胆大包天"。

联合作战训练，难题一大堆。特别是在装备联通性能不够强的情况下，如何增强直升机和坦克协同作战能力，是一个老大难问题。由于怕出训练事故，以往直升机不是飞得很高，就是离坦克很远。

在一次实兵演练前，满广志提出的协同方案，要求直升机在坦克上方超低空飞行。方案一出，陆航指挥员表示反对，认为坦克穿甲弹抛飞的壳体有可能击中直升机；部队官兵也担心直升机掉弹会误伤自己。

经过精心计算，满广志力排众议："没有英雄胆，哪能破强敌？训练场多担一点风险，打胜仗就多一分保险。"

陆空协同训练开始。上午 10 时，晴空万里，平时狂风呼啸的演练地域出奇地没有起风。身处某高地指挥所的满广志紧盯作战态势图，陆空协同最怕这种天气，坦克冲击带起的烟尘很有可能遮蔽飞行员的视线，极易出现误伤等情况。

但是，按照满广志的协同方案，这次演习不仅开创了超低空协同的先河，而且取得了一大批实战数据。

2013 年 7 月，满广志率先提出新型坦克在高速机动条件下正向、侧向、反向射击等训法战法。因为危险性极大，许多人提出反对意见。满广志不服输，从单车到分队再到营规模，亲抓实练。到年底时，所有项目全部取得预期成效。

2013 年 9 月，由他主导的"随域破击"新战法，作为北京军区推荐课目参加了全军战法创新演示。观看了这一成果的军委首长称赞：这次演练，发挥了信息化部队"耳聪目明、臂长拳硬"的优势，看到了信息化部队的新质作战能力！

（2014 年 10 月 30 日《人民日报》）

不怕眼前有山　就怕心中没路

◎ 康春元

信息化时代指挥员怎么当？信息化转型之路怎么走？面对任务考验、匽难挑战，"不怕眼前有山，就怕心中没路"。满广志用自己的使命担当和果敢行动，回答了这一时代课题，交出了一份出色的答卷。

恩格斯说："军队指挥水平的差别将具有更大的意义。"信息化技术特别是一体化指挥手段应用于作战以来，作战指挥领域发生了革命性变化，作战指挥能力对核心军事能力生成与提高，对作战进程和结局的影响，越来越凸显出主导和关键作用。在信息化演兵场上，满广志带领官兵靠数字矩阵实现了多兵种协同作战，靠联合素养形成了联合作战的"铁拳头"，靠数据决策取得了多次演习对抗完胜的战绩。正因为心中有一幅未来战争的场景图画，有一套信息化指挥作战的方式方法，满广志才能够突破传统，开辟新路。

作为步兵团团长，满广志主动探寻陆军在联合作战体系中的定位，宁可担风险挨板子，也要为钢铁部队插上信息化翅膀；宁可倒下当块铺路石，也要为陆军转型发展闯出一条新路。为让信息化装备形成体系，他构建模拟训练室大胆尝试；为培养官兵信息化习惯，他处处用数据说话。他的经历告诉我们：信息化转型不可能一帆风顺，但只要心中有全局、脑中有对策、手上有实招，就没有克服不了的困难、解决不了的问题。那种一遇难题就退缩、一遇障碍就放弃、一遇挫折就丧志的人，注定不会在部队转型中走到前列、作出表率。

强军路漫漫，兴军不畏难。未来的信息化作战依然"迷雾"重重，指挥员只有像满广志那样，勇于探索、另辟蹊径，实施科学有效的指挥，才能战胜对手，赢得战争的胜利。

（2014 年 11 月 30 日《解放军报》）

吴亚琴

小传

　　吴亚琴者，长春人氏也。秉职长山社区主任，以"民需我做，民求我应，民困我帮"之公仆情怀，与政竭诚，为民尽责。及夫化矛盾，解纠纷，送温暖，走街入户，廉顽立懦，分忧为黎庶，造福于社区，遂赢来熙皞之象、升平之景焉。嗟夫，一人为道若微，积十余年之力，可使一方民德归厚矣。实不愧"小巷总理""知心大姐"之誉，赞曰：忙碌如蜂，孰道夕阳晚？热情似火，信看余热长。

楹联

苦口婆心，排忧解结千家事；
花园小巷，朗日清风一片天。

（吕可夫）

力化纷争，似水民心波不起；
志唯奉献，燃烛生命烬犹温。

（李小贤）

诗词

题吴亚琴
张鸿运

小巷寻常琐事多，攸关稳定费周折。
联调联动民心悦，群治群防思路活。
大爱满怀济危困，真情一片化干戈。
七零谱就和谐曲，共奏平安一首歌。

巫山一段云·题吴亚琴
高德臣

小港藏深处，芸芸众相生。
芝麻官小细调停，缕缕化春风。
协力八方鼎，心拨万户灯。
殚精竭虑保安宁，立党自为公。

通讯 TONGXUN

吴亚琴的两颗"心"

◎ 孙春艳

眼前这个女人，个子不高、气场不小——她张张罗罗、风风火火。

别看眼睛不大，却有一股执着在闪动，嗓音虽有些沙哑，但说起话来嘎嘣脆——看得出是个爽快人。

社区大爷大妈管她叫干闺女、叫"宝儿"，同龄人称她为大姐、主心骨，身边同事说她为人好处，工作可不容马虎。

她评价自己："女人性别、男人性格"。

——这就是长春市宽城区长山花园社区党委书记、居委会主任吴亚琴。

日前，中共中央宣传部授予吴亚琴"时代楷模"荣誉称号。

让我们走近她——

对社区工作有热心

20 年立足社区敬业奉献，千方百计为居民谋福祉。

改变老旧小区居住环境，成立"社区自治管理委员会"

社区居民向吴亚琴赠送锦旗

和"居民事务志愿服务站"，解决物业管理难题。

1995 年 7 月，当时还是吉林省胜利零件厂中层干部的吴亚琴，被厂子派到了团山街道九委（现长山社区）。从厂子骨干力量到厂家属区"居委会大妈"，34 岁的吴亚琴有点想不通，10 多天没去报到。

一天，她正在家做缝纫活儿，邻居大姐猛敲她房门："吴亚琴，你不是上居委会了吗？杀人了，你管不管？"听了这话，她扔下剪子、拔下熨斗就往现场跑，看着里三层外三层围在事发现场的人，油然而生的责任感让她喊道："把道儿给警察、法医让出来！保护好现场、别往里挤！"……寥寥几句话，就把秩序稳住了。

从那天起，吴亚琴就正式到了居委会上岗，一干就是 20 年。

当年的长山社区破败、脏乱，没有一条柏油路，没有一棵绿化树，蚊蝇扑脸，垃圾遍地，下了雨，"自行车就得骑人身上"。有居民编出顺口溜，形容这里是"屋冷过不了冬、房漏遮不了雨、窗破挡不了风、门旧防不了盗"，虽然言语有些尖刻，但环境差是事实。

除自然环境恶劣外，人心也涣散。零件厂效益差，工资低不说，还不能按月支付。居民心里烦躁，吵架骂街是常事——"腰里别冲牌，谁说冲谁来。"

"干就要干出个样来！"从小要强、不服输的吴亚琴开始了和居民们的创业之路。

那些年，长山社区有个最大的难题就是供暖问题。数九寒天，室温只有七八摄氏度，大人在屋里得穿棉袄，孩子写作业需要披棉被，群众的心凉透了。一些居民干脆不交采暖费。物业公司因为收费不足而拖欠水电费，致使小区常常断水断电。到了2002年夏天，适逢高考，居民区又开始停电停水，大家忍不下去了，找到了吴亚琴，让她把事儿管起来。

吴亚琴（左）扶助社区失独老人王仁华

"老百姓的事你没权利说不"，吴亚琴把这个麻烦事儿接到了手上。由于物业公司是厂里聘用的，最后达成的协议为，由她负责收缴居民采暖费，按时上交厂财务部，再由厂里交给物业公司，物业保证供暖达标。吴亚琴甘愿受累，她挨家挨户劝解疏导，7 天内就收缴并上交了居民拖欠的采暖费 20 多万元，此后的供暖有了一些好转。

　　但是没过多久，供暖、水电又都不行了。吴亚琴看出了问题的实质，是物业公司不作为。她召集居民开代表大会，根据代表意见，解聘了这家物业公司，另聘一家。新来的物业公司也没有给社区带来新气象。2004 年、2010 年，长山社区又辞退了两家物业公司。

　　没有物业，这也不是个事儿啊。这时候有居民又提出："吴书记，你把物业管起来吧。"社区代管物业，这没有先例呀。吴亚琴组织党员、居民代表集思广益，最后选举成立了"长山社区自治管理委员会"，后又注册成立了"居民事务志愿服务站"，由 5 名有威望的老党员、老居民做管委会成员，全面负责小区物业管理。收费标准每平方米才 3 毛钱，基本服务却一项不落。

　　现在的长山花园社区，不仅有了柏油路，更有了绿化树，服务站还为顶楼 158 户做了防水；更换了 45 个单元门、223 扇楼道窗、11 栋楼都有了声控灯；连下水井淤堵问题都通过项目招标，签订了 10 年清淘合同。

　　长期困扰长山社区的物业老大难问题彻底得到了解决，居民的心也和社区拧成一股绳，大家骄傲地说："哪儿也没有我们自己管的小区好。"

　　社区书记"官"不大、责任不小；钱不多，管事不少；虽然没有权，却事事跑在前。有人问吴亚琴，为啥这么玩命工作？她说，在社区这巴掌大的地方，书记就是群众的主心骨、当家人，社区就是党和政府与群众间的纽带、桥梁，居民的事，我们不管，谁来管？

对居民百姓有爱心

她"把居民的事儿当成自己爹妈的事儿",用心解决居民再就业、社区居家养老、儿童课后看管等居民的"烦心事",长山社区由此呈现一片晴朗的天。

2007年1月,胜利零件厂宣告破产,企业职工变为社会人回归社区。一时间,长山社区的很多居民生计成了大问题。

很多居民都不会忘记捡菜叶的历史。长山社区附近有个蔬菜批发市场,早上菜批完了,地下会剩下些菜叶,为了省点菜钱,大家就出去捡。那个时候,很多居民家的菜盘子里都是"五色菜"——几根蒜薹、几个菜花瓣、几根菠菜、几片白菜叶。吴亚琴看在眼里、急在心上。她暗暗下决心,一定要想办法改变现状。

居民原来多是企业职工,工种单一,没有技术是再就业的最大障碍。

吴亚琴(中)组织社区居民开展文体活动

针对实际情况，吴亚琴就在社区开办了营销、面点、中医按摩、机械维修、家政服务等各种技能培训班，鼓励居民前来学技术，然后又开始四处帮忙联系工作单位。而所谓的联系，就是靠她低下头去求人，靠她苦口婆心地推荐，"行不行，你先试两个，好了，再要。"就这样，慢慢打开了居民们再就业的门路。

对那些不愿或不想去私企工作的人，吴亚琴帮助联系小额贷款，联系场所帮忙实现自主创业。居民王曙光、孙宏、高洪斌就是依靠小额贷款的支持，创办了小型机械加工厂，当上了小老板。

李杰至今记得，当年自己下岗，家里生活最困难时，是吴亚琴向她伸出了援手。

那是吴亚琴入户走访时，看到她家里要啥没啥，当场做起了"思想工作"："咱以前在工厂里也是先进能手，虽然下岗了，但精神头儿还得有啊，想点法子把日子过起来。"看到李杰流露出了想做点小生意的想法时，吴亚琴就亲自跑到远东批发市场，帮她联系摊位，自己还拿出 1000 元钱，让她进货用。后来李杰进入商场开始营业时，经理才告诉她，"是你们吴书记几次求我们的老板，又担保又啥的，才批下了这个摊位，她还跑我这儿五六趟讲价，你的费用可是全商场最低的！"

"帮钱、帮物、帮思想、帮能力、帮技术，坚持长久解决问题。"多年来，长山社区先后帮助下岗失业人员申请办理贷款近 20 多万元，先后让 539 人重新上岗，100 多人自主创业当上小老板。当年下岗失业人员聚堆的社区，如今实现了"不挑不选，三天上班"的动态零失业。

长山社区的人口结构"四多一少"：下岗失业人员多，流动人口多，老年人多，残疾、困难的人多；有稳定收入的少。最让吴亚琴头疼的是养老问题。辖区 6583 名居民，60 岁以上的老人就有 1053 人，还有 6 个孤寡老人、7 位失独老人。但长山社区的养老服务好却远近闻名，老人有地方玩、生活有人照料，最近 1 个月就有 7 个 60 岁以上的老人搬到这儿来养老。

在这儿，有一支由党员和居民志愿者组成的养老服务队，每个队员负责 3—5 名独居老人的日常照料，每日一访是最基本要求，而老人临时有急需，"电子保姆"会第一时间告知服务队队员。2011 年，社区注册成立了"康乐之家老年服务中心"，率先实现政府向社会组织购买服务项目，为 65 户老人提供"六送"服务，送理发、送洗澡、送配餐、送医药、送家政卫生、送代买代办，有的项目无偿、有的低偿。生活在长山花园社区的老人们实现了老有所养、老有所依、老有所乐。

孤寡老人马庆生两次重病，多亏了吴亚琴和社区才得到及时救治，脱离了生命危险。2008 年，他突发心梗，被吴亚琴第一时间发现。在医院的 15 天时间里，老人的吃饭和大小便都要躺着，否则，解一次大手就能把老人累晕过去。吴亚琴和社区同事三班倒照顾老人，直至老人康复。之后的每年冬天，马庆生都会主动参与社区扫雪，大家担心他的身体劝阻他，老人总是说："我这老命是社区给的，我没啥报答的，就让我扫扫雪吧。"

在长山社区安度晚年的老人还有很多，孤寡老人安志福身体不好，在自己家里无法得到医疗护理，吴亚琴协调把他送到社会福利院，可去了几天，老人就又回了社区，拉着吴亚琴的手说，"闺女，我就想最后的日子在家里度过"。于是，他成了全社区的重点服务对象，最后还是吴亚琴和同事们给料理的后事。

社区是党和政府联系服务群众的最前沿，啥事都可能面对，啥困难都有，面对居民的难事儿，吴亚琴说："老百姓就是爹、就是妈，把老百姓的事儿当成自己爹妈的事儿，没有办不好的。"

靠着这"把老百姓当爹妈"的热诚，她解决了居民的一个又一个难题：小学生放学时，家长正上班，尤其那些单亲家庭孩子，更是需要照料，吴亚琴就在社区办起"蒲公英少年之家"公益课堂，由党员志愿者负责接孩子、辅导功课；社区有 5 名孤儿，申请低保、廉租房，找"代理妈妈"，联系学校，又是吴亚琴跑在前；社区楼房都是 30 多年前的老房子，没有燃气管道，用煤气罐不方便不安全，吴亚琴就一次次跑燃气公司，协调燃气改造……

只有我们把群众放在心上，群众才会把我们放在心上；只有我们把群众当亲人，群众才会把我们当亲人。吴亚琴 20 年掏心服务为民众，居民也一呼百应团结干事筑和谐……

（2014 年 11 月 28 日《吉林日报》）

（本章供图：中共吉林省委宣传部）

短 评 DUANPING

心里时刻装着群众

心里时刻装着群众,做事为了群众,干事依靠群众。作为一名社区党委书记,吴亚琴身上所具有的先锋作用、公仆情怀、担当意识和创新精神,使她不愧为一名优秀的共产党员,不愧为时代楷模。

作为一名共产党员,要时常想一想"入党为了什么,在党做什么""当官图什么,身后留什么"。党员,就应该有个党员的样,就要在矛盾面前敢抓敢管、不怕碰硬,就要在困难面前勇挑重担、敢于负责。

看看吴亚琴,扎根基层、扎根社区,时刻以党员的标准严格要求自己。她说:"在居民眼里,社区就是党和政府,居民找到这儿了,哪怕这事不归咱们管,帮忙打个电话问问也好。如果咱们把他往外推,那他找谁去!"这是一名党员干部的高度自觉,这是对"全心全意为人民服务"的生动诠释。

正是因为按照党员的标准给自己定了规矩、设了标准,吴亚琴每件事都想到了群众心里,做到了群众心里。群众信任她、跟着她,社区工作自然干得有声有色。正是千千万万个像吴亚琴一样的基层党员干部的平凡劳动,才构筑了我们党牢不可破的执政基础。

榜样的力量是无穷的。我们每一名共产党员都应该以吴亚琴为榜样，不仅要树立起崇高信仰、增强宗旨意识，更要学她怎样对待群众、怎样对待自己。"人民是永远的靠山"。如果我们每一位党员都能以群众的心为心，以群众的所想所盼为干事创业的方向，崇尚实干，狠抓落实，吉林全面振兴的道路就会越走越宽敞，城乡居民的日子就会越来越美好。

群众需要吴亚琴，时代更需要吴亚琴。

（2014 年 11 月 28 日《吉林日报》）

马善祥

马善祥者，巴蜀人氏，人皆亲切呼其"老马"也。于观音桥街道办任调解员，创立"老马工作室"。廿余年来，秉党性之忠诚，肩公仆之责任，凡医患纠纷、拆迁赔偿、信访事件、邻里纠葛等诸类矛盾，经手逾两千件。吕错综难理，而其轩然曰：今日之中国，在吾党无不克之关，无难解之题！乃真情化解，予民众以信心；无私奉献，予城市以温暖。论曰：善祥者，善意为人，经验共技巧同施，长存大义；祥和处世，公心与厚德皆备，永驻春风。

 **楹联**

党性在心，解患甘为和事佬；

温情融雪，与民长做贴心人。

（贾雪梅）

矛盾缓和，惜情透彻胸怀坦；

纷争调解，处事公平恩怨消。

（武用可）

 **诗词**

观音桥街道调解员马善祥

刘庆霖

里短家长事，尤防怨结深。隔开冰与炭，调顺瑟和琴。

德药医伤口，情针缝裂心。廿年如一日，奔走在观音。

浣溪沙·马善祥

林　峰

世态纷纭入眼眸，几家忧乐系心头。普天春雨未迟留。

高义能圆迢递梦，丹诚可解往来愁。最平凡处最风流。

一辈子做群众需要的人

◎ 崔佳 李坚

2014 年 11 月 26 日上午 9 点，老马刚到办公室，就听到外面吵吵嚷嚷来了十几个人，出来一问，原来是一起工伤事故，双方因赔偿问题产生了矛盾。老马面带笑容把他们迎进"老马工作室"，让座倒水，倾听记录，了解情况后开始进行调解。经过老马于法有据、入情入理的调解，双方终于达成了一致，当天下午就在调解协议上签了字。来不及休息，老马又赶赴下一场关于拆迁赔偿的调解……

紧张忙碌，马不停蹄，是老马工作的常态；群众带着怨气来，带着满意走，是"老马工作室"的写照。

老马名叫马善祥，58 岁，是重庆市江北区观音桥街道办事处调研员，也是"老马工作室"负责人。从事基层人民调解工作和群众思想工作 26 年来，马善祥带领他的团队成功调解各类矛盾纠纷 2000 余起。

"我把群众感情永远放在第一位"

"父亲对外人比对家人好。"老马的儿子马仁驹曾经

马善祥（中）在矛盾调解现场

一度对父亲不理解，每当这时，老马总是纠正他："那不是外人，是群众！"的确，老马从来不把群众当外人。

人民调解工作就是跟老百姓打交道，老马从干上这一行开始，就给自己立下了接待群众的24字规矩："起立迎接，请坐倒水，倾听记录，交流引导，解决问题，出门相送。"不仅如此。在老马的办公室，经常会遇到这样的场景：冻得发抖的群众穿走了他的衣服、戴走了他的围巾；病了的、饿了的、迷路了的群众从他这里"借"走了钱、拿走了他桌上的常备药、吃光了他刚从食堂打来的午餐……

有一次调解纠纷，一名当事人因病住进医院，老马去医院看他，见他腰痛，就帮他揉腰，边揉边聊，揉了半个小时，缓解了病痛，也解开了心结。

来找老马的群众都说，老马是发自内心地尊重我们，让我们感受到尊严和温暖。

　　"老马工作室"工作人员王俊给记者讲了这样一个故事：辖区有个吸毒多年的老赵，从戒毒所出来后，工作没了，婚也离了，抱着"破罐子破摔"的心态，他找到了老马。交道一打就是八年。老马先是帮着老赵落实了安置房，又四处帮着找工作。现在的老赵不吸毒不赌博了，还在街道当志愿者，最近还谈上了恋爱。老赵逢人就说："是老马让我过上了正常人的生活。"

　　老马常说，困难群众生活过得去，我们当干部的良心上才过得去！2012 年，因为年龄原因，老马不再担任领导职务，他提出的唯一要求就是："不要让我离开群众工作、思想工作这个老本行。"

"为群众办好事需要思考和琢磨"

　　老马有个观点：在基层，一名群众往往一辈子就找干部办一件事，

马善祥（左）入户做群众思想工作

这件事办好了，群众就可能一辈子记党和政府好；这件事办得不好，群众就可能一辈子记党和政府不好。为群众办好一件事，需要很多思考和琢磨。

20多年来，老马习惯于通过写工作笔记思考工作、琢磨事情。就这样，老马"琢磨"出了148本、520多万字的工作笔记，总结了60多种群众工作方法。

在"老马工作室"，记者看到了书柜里满满一层的笔记本，每本上面都标明了时间和序号。"这其中既有对自身修养的感悟，也有对工作的思考，还有对解决各种具体矛盾纠纷的总结。"老马说，比如对婆媳矛盾，他总结出了"坚持尊老爱幼、保持适当距离"的调解原则；对医患纠纷，他总结了"倾听患者痛苦、理智判断真相、着眼今后生活"的处理方法；对于利益纠纷的调解，他总结了"不满意、能接受"的处置原则……

一次，有对夫妇为安置房分配来找老马调解。老马了解情况后，判断是丈夫做错了。但他没有简单批评，而是先表扬了丈夫对家庭的付出，之后才说了自己对这件事情的看法。由于有表扬铺垫，再加上语言比较委婉柔和，丈夫很快就接受了老马的意见，放弃了自己原来的想法，连声道谢带妻子走了。

"老马为我们树立了榜样，我们要把这块受群众拥戴的金字招牌擦得更亮。"观音桥街道党工委书记蒲丽娟说，2012年，街道以老马为首席调解员，以综治干部、物业管理办公室的工作人员为骨干，以20个小区的调解员为基础，成立一个从事小区思想工作和调解工作的专业团队——"老马工作室"，特别是在老马总结的60多种具体方法基础上，提炼形成了一整套"老马工作法"。

这套方法，包括了"民为本、义致和"六字理念、"法理情事"十三要则、"3441"四大保障制度和"老马三十六策"等四个层面。

"我是能帮助你解决问题的人，是你需要的人"

　　有人问老马，你每天接触社会矛盾、社会问题这些"负能量"的东西，怎么保持昂扬向上的心态？有着30多年党龄的老马这样回答："群众需要干部带头做好人，我就要带头践行社会主义核心价值观。"

　　"在家里父亲也给我们定下了一个'四不谈'的家规：不谈钱、不谈车、不谈房、不谈社会不良现象。"马仁驹告诉记者，面对这样的家规他有时都不知道怎么和父亲说话了，但让他不得不敬佩的是，父亲同时给自己定下了每天要做的四件事：拖地、洗碗、熨衣服和为妈妈揉腰。"感受到他对家庭的担当，也就能理解他对工作、对做人的追求。"

　　"生活上降低一个标准就永远生活在幸福之中，工作上提高一个

马善祥（左二）在矛盾调解现场

标准就永远具有前进动力。"在日记中，老马这样总结他的修身之道。

在同事们眼里，老马既是个工作起来很忘我的人，同时也是个热爱生活的人：爱学习，爱唱歌，锻炼身体也是他的一大爱好。无论是工作中还是生活中，老马总是笑呵呵的，他经常说，自己是一个幸福的人。

在老马的笔记本里，记者看到了这样一段话："20多年来我一直在服务群众的第一线，长期为上访困难群众排忧解难，也让我处于一种愉快的工作状态和生活状态中。每当解决一个问题，让双方从困境中解脱出来，我就觉得很欣慰，那种如释重负的感觉很美妙。"

有一次，老马到北京处理一个上访问题。上访人问老马："你是什么职务、什么级别？"老马回答："我的职务和级别都不重要，关键我是能帮助你解决问题的人，是你需要的人。"

"做群众需要的人，不是一阵子，而是一辈子。"老马说，"我已经58岁了，虽不敢说'老骥伏枥，志在千里'，却敢说只要群众遇到困难，问谁是老马的时候，我一定会毫不犹豫地站出来告诉他：我，就是老马！"

（2014年11月28日《人民日报》）

（本章供图：中共重庆市委宣传部）

短 评 DUANPING

用老马的精神打通"最后一公里"

◎ 李 妍

"老马的故事"都很平常，不是多么令人荡气回肠的"宏大叙事"。然而，他的故事却诠释着打通"最后一公里"背后水滴石穿的精神力量。

打通"最后一公里"，并不是多么抽象宏大的概念与词汇。有能力做到的事尽力去做，不容易做到的事又用解决问题的诚意、善意与良好方式去化解，暂时做不到的事则坚信时间的力量，相信水滴石穿的坚守终将打通俯身为民的"最后一公里"，这就是为民服务的全部密码——它原本就属于双脚，被践行于厚重的泥土中。

随手翻开老马的调解笔记，一桩桩被化解的矛盾，就是老马做群众工作最具体细微的践行：有"两劳"人员因征地拆迁矛盾声称要自焚，老马考虑他的实际困难，到处奔走，帮助他解决了生活难题，拆迁最终顺利完成；一家小饭馆因城市改造被拆迁，店主两口子觉得生计无着要轻生，老马为他们争取更多赔偿，还帮着联系了新门面……这些点点滴滴的调解故事，这些细小的问题解决，看似平淡，对当事人却不可予夺，不一定恢宏壮阔，却一定细节动人。做基层工作，要打通"最后一公里"，很多时候需要的不正是这样一步一个脚印的点滴践行，不正是这般俯下身去倾听民意，降下身段去触摸民生温度的姿态吗？

"最后一公里"之所以会被称为最难走的一段路，不仅需要一步一个脚印，更需要持续下去永不放弃的诚心、信心与决心。与老马每天打交道的，多是来解决问题与矛盾的群众，他们很多是生活有实际困难的人，是遭受意外挫折的人，是草根群体的一分子。群众带来的问题与矛盾往往千头万绪，这不仅需要基层工作者有迅疾处理问题的能力，更需要他们有水滴石穿的诚意与耐力，有执着守望解决问题的精神与决心。老马说，20多年碰到的2000多件矛盾与纠纷，并不总是能马上解决掉的。但没有条件解决，就创造条件解决，一年难以解决，就用两年、三年，甚至八年、十年来解决。以尊重换来群众的尊严与理性，用执着来获取群众的信任，这就是老马能够打通"最后一公里"的原因。

"最后一公里"表面看是距离，实际反映的是基层工作者对民生问题、群众感情的隔阂与疏离。老马的基层工作实践，生动地诠释了该以怎样的水滴石穿之力，以怎样俯身为民的姿态，去消弭隔阂，化解矛盾，融入百姓。如今，"老马工作室"的调解员队伍日益强大，打通"最后一公里"也越来越成为做好基层工作、服务群众的关键词。相信这股欣欣向荣的生长力量，终将把打通"最后一公里"的滴水之力，汇聚成致力解决群众问题的大江大河，这种解决民生问题的执着、坚定，这种对待群众的朴实与真诚，也终将汇聚成这个时代的公共服务精神，让"最后一公里"成为最为畅通无阻的路途。

（2014年12月2日《重庆日报》）

高德荣

小传

　　高德荣者，独龙族，滇怒江州人也。初任乡长，复履县职，后就州官。秉党性之忠诚，负帮扶之职责。历廿六年，兢兢所为者，乃与族人风雨同舟，架桥通电，养蜂栽果，奔小康路、圆中国梦是也。其谓"办公于独龙江"，正言必信、行必果。嗟乎，率众而拼，以脱贫穷之困厄；敬业以溥，而融民族之大家。赞曰：独龙江畔寻常见，满面风尘又几春。众里皆称老县长，一生本色是农民！

楹联

通电架桥，独龙古族民心暖；
养蜂栽果，大美新乡富梦圆。

（卜用可）

鼎力为民，帮扶开启康庄道；
亲身抢险，感动汇成中国风。

（赵秀敏）

诗词

题时代楷模独龙族人高德荣

何云春

苍天大写独龙人，恋守南疆树国魂。
虎啸山崖生碧翠，鹰翔江畔起氤氲。
瓜田果岭秋风劲，蜜海花丛夏露醇。
筑路修桥通日月，康庄谁不抖精神。

鹧鸪天·题高德荣

高德臣

重任肩担日夜忙，独龙兴起一条江。
校园新路书声朗，电站闸合月闪光。
铺大道，奔康庄，密林深处果飘香。
同胞冷暖心头挂，融进中华梦富强。

老高的牵挂

◎ 张德修 张 帆 陈振凯

木头房，三脚架，暖火塘。

老高的家，安在大山脚下河谷地带的独龙江乡，窗外就是独龙江。云南各地乃至全国各地的人常来拜访他。

他叫高德荣，2014 年刚好 60 岁。退休前，他曾任云南省怒江州人大副主任、贡山县县长、独龙江乡乡长等职，当地人称他"老县长"。

我们是在大雪节气临近时到的独龙江乡。它的全称是云南省怒江傈僳族自治州贡山独龙族怒族自治县独龙江乡，位于滇西北，北接西藏，西邻缅甸，是独龙族人聚居地。

在老高家的火塘边，在饭桌上，在他家的苗圃里，我们聊起的话题，他最牵挂的事，始终不离两个字：一个是路，高黎贡山的路；一个是富，独龙族同胞如何致富。

铺 路

独龙江人，对大雪有着太为复杂的感情。独龙江水碧绿如翠，有高黎贡山、担当力卡山雪山融水的恩赐。同样，一到冬季，大雪封山，这里又要与世隔绝，本地人出不去，

2010 年 5 月 29 日，高德荣率驻独龙江帮扶工作队员，暴雨中不顾坍方危险徒步查看独龙江乡拉瓦夺乡村公路（王靖生／摄）

外地人进不来。

　　而从 2014 年开始，独龙江人再也不用担心 20 米厚积雪封死高黎贡山垭口。一群新老朋友，围坐在老高家的火塘前，同行的怒江州委副书记商小云介绍，2014 年 4 月 10 日，高黎贡山独龙江隧道全线贯通，这标志着独龙江人结束了一年有半年大雪封山的历史。

　　给火塘添了几块硬木疙瘩，高德荣给我们放了《太阳照在独龙江》纪录片，第二章"路"让人震撼。1964 年，独龙江人马驿道修通之后，去一趟县城要 2 天时间，而之前要 7 天。为了给独龙江修公路，老高费了不少心，出了不少力。

　　1999 年，独龙江公路建成，中国结束了最后一个少数民族聚居区不通公路的历史。这条带给人喜悦的碎石路，修了 15 年。同行的《怒江报》总编辑陈大勇插话，这里 1 年中有 9 个月的雨季，加上积雪融水，坍方坠石等自然灾害频发。

203

高德荣（左）在独龙江公路高黎贡山隧道施工现场

电视里，独龙江的歌儿唱道，"很深很深的峡谷，还记得茶马古道"。对一条通畅道路的渴望，是高德荣和整个独龙族的心声。

致　富

"独龙呦汉子呦一碗酒，喝下壮了一身强"，老高作词的歌曲《独龙汉子》中，提到了酒。吃饭时，烤火时，他爱喝上几盅自己泡的血藤酒，有活血通络之效。

喝了酒的老高，话多了起来。独龙族"全民族拿低保"，人均年收入 3000 多元，这在老高看来，并不是光荣的事。一定要带领本民族致富，这个念头，在老高心中已有 30 多年。

18 岁，他外出读书，到当时的州府知子罗读师范，因表现优异留校，待到 25 岁，却毅然返乡，原因很简单："我的民族还没富裕起来，我

204

在高德荣（左）手把手指导下，独龙族群众制作的传统蜂箱（王靖生／摄）

要回去帮他们。"就这样，他回到独龙江边，当老师做干部修公路教农民种草果，帮扶本民族和贡山县致富事业。这一干，就是30多年。

火塘的火更旺了，老高说，每年的四五月份，他要一天看五次天气预报，祈祷雨水不要冲了草果花粉。房外的苗圃里，有他向乡亲讲授知识的身影。

圆　梦

一进独龙江乡政府驻地孔当村，便见村口石墙上，粉刷着习近平总书记的批示。

2014年元旦前夕，习总书记得知高黎贡山独龙江公路隧道即将贯通的喜讯，立即作出重要批示："获悉高黎贡山独龙江公路隧道即将贯通，十分高兴，谨向独龙族的乡亲们表示祝贺！"这是对路的关注。

记者手记

独龙族是我国人口较少的少数民族之一，自古生活在交通闭塞的崇山峻岭之中。旧中国的战乱曾使独龙族人濒临灭绝，新中国的成立使独龙族人民获得新生。

改革开放以来，独龙族人民在国家扶持和自身努力下，生产生活条件逐步改善。他们正在老县长高德荣这样的好干部带领下，像习近平总书记希望的那样，"加快脱贫致富步伐，早日实现与全国其他兄弟民族一道过上小康生活的美好梦想"。

习近平还希望独龙江族同胞，"加快脱贫致富步伐，早日实现与全国其他兄弟民族一道过上小康生活的美好梦想"。这是对富的祝愿。

不让任何一个民族兄弟掉队，目前，国家正在整乡推进独龙族整族帮扶。

在普卡旺民族文化旅游村，国家给村里每家盖了近 70 平方米的住房，以及近 46 平方米的两间旅游接待房，每间房每天住宿费 100 元。2014 年普卡旺村民因旅游服务每户平均获得收入 3000 元。

要致富，独龙族还有不少路要走，需要大量好干部。火塘外，一条平整的公路边，老高斟上一杯送行酒，说下许多祝福的话。

（2014 年 12 月 18 日《人民日报》）

老县长素描

◎ 徐元锋

采访高德荣，未见其人，先闻其事。从昆明到独龙江，从省里到乡里，开了四场座谈会。每个人谈起高德荣，由衷的敬佩之情溢于言表；多年不见他的人，讲起他的事来历历如昨。

他就像一块磁铁，把人都"吸"了过去；他就像一架火塘，温暖照亮着身边的人。

几天"贴身追踪"，外围采访几十人，几百页的文字素材，记者由此走近了高德荣，用几个"关键词"给他画画像。

讲政治

车进独龙江，一幅鲜红的标语映入眼帘："独龙江人民永远跟党走"。当地司机周师傅说：老县长"讲政治"。

世上没有无缘无故的爱，不进独龙江，你就体会不到这"讲政治"背后的热烈和真挚。

用高德荣的话说，独龙族人民经历了"三次跨越"。第一次是1949年贡山和平解放，独龙族由原始社会末期直接进入社会主义。之后在周总理的关心下，又有了自己响

高德荣（中）在农户家座谈

亮的族名——以前他们被称作"俅子""俅帕"。第二次是在 1999 年独龙江简易公路修通后，虽然每年半年大雪封山，独龙族终于还是和外面的世界连起来了。第三次要从 2010 年算起，云南省启动"独龙江乡整乡扶贫、独龙族整族帮扶"，乡里人均投入 25 万元，"五年跨千年"。

一个以前还有人住在树上，5 年前到处"人畜混居"，生孩子都不敢在封山期的民族，如今户均一栋新房，开通了 4G 网络，山上的"绿色银行"效益显现。沧桑巨变，靠的是谁？

高德荣在一首歌里写道：丁香花儿开，满山牛羊壮，独龙腊卡的日子，比蜜甜来比花香；高黎贡山高，独龙江水长，共产党的恩情，比山高来比水长。

独龙江乡经济地位弱，政治意义大：和缅甸接壤，国境线上有 7 个界碑；独龙族虽小，也是 56 个民族之一。

高德荣的"讲政治"，还体现在强烈的国家意识上。他对解放军情有独钟，军歌都会唱，每年都会杀年猪慰问官兵："你们是来守护我家乡的。"派出所指导员张维感叹："他是我们半个老兵！"

高德荣听不得别人说独龙族落后，他说我们民族没干啥，就是守住了 1900 多平方公里的国土；他不能接受独龙族整体扶贫搬迁，认为国土上没人怎么行！

他还说，"要像爱护鸡蛋一样，爱护民族团结"。他当县长时从来不以民族"划线"，领导班子成员分属几个民族，团结得像一家人，工作调动的都是哭着走。

工作狂

采访高德荣得"掐着点"进行——戴了 27 年的"双狮"手表，才是他的"直接领导"。跟他开了十几年车的肖建生说：老县长是个"工作狂"，从来不知道享受，工作就是享受吧。

"不睡觉""爱学习"和"勤汇报"，是身边人对高德荣的印象。

在贡山县挂过职的云南艺术学院研究生部主任孟文感叹，老县长凌晨两三点谈工作是常事，第二天天不亮就喊我们起床，一次我听见他在睡梦里喊："草果不是长在树上的！"

"他不是缺少'睡觉基因'，"和他搭过班子的省卫计委副主任李善荣说，"县长当一届，他知道时间宝贵！"

12 月 6 日，记者去老县长家堵他的早上，他家的电视开着新闻频道，一份省委书记李纪恒讲话稿的背后刚写上：宏观政策要稳，微观政策要活，社会政策要托底，坚持稳中求进。烤着火塘，有人介绍毗邻的西藏察隅县人口两万五千多，老县长插话：应该是两万六千多人。

老县长善于学习是出了名的。1979 年到 1990 年，他在独龙江工作用坏了 28 台收音机。独龙江乡大雪封山时，他带着干部们学习，结果乡干部在县里公认"会考试"。

个别人对老县长"勤汇报"不理解。怒江州委宣传部常务副部长稳宜金曾和高德荣长期共事,听老县长说过:我们条件差、底子薄,不去汇报争取,人家怎么了解支持你?

2003 年,时任全国人大代表的他借机向温家宝同志"伸手":"总理,我来自独龙江,请您给我们修两条路,请来独龙寨做客。"

"老县长从不为自己张口伸手,"怒江州委书记童志云评价,"他是为了群众。"

个性强

高德荣唯一一次为自己的事向组织"提要求",是辞去州人大常委会副主任的职务。

2006 年,高德荣当选怒江州人大常委会副主任,荣升厅级领导。他选举前就放言:别选我,不然就辞职。当选第二天,他果然给省委组织部写信要求辞职,还当面向省委主要领导辞官。理由也很简洁:职务太高,办公室离群众太远。

女儿不敢劝他,就让母亲做工作。高德荣对老伴说:"趁我现在还有力气带着他们干,我不回谁回?"

他认准的理从不会改,就像他穿的"高德荣装",风格几十年都没换过。

记者问高德荣:"这么多人来采访,你怎么看?"

"不高兴,"老县长提高嗓门说,"典型再多,经济发展上不去也不行!"

跟高德荣共事过的人,很少有没挨过他骂的:工作不尽心被骂,甚至犯小错也会挨骂,但没有一个记恨他。"他'刀子嘴、豆腐心',

不会当面认错，"跟他掀过桌子的肖建生观察，"但他也会'艺术'地表达歉意，比如第二天喊你吃早点。"

有"磁场"

老县长真诚。群众敬他酒，他从来不拒。有人亲见，他被热情的村民拉着，连喝20多杯酒。

老县长热情。一次，州、县、乡三级人大代表到独龙江视察，晚饭后被高德荣邀请到家里做客。他准备了一大锅"吓啦"（一种用鸡肉、酥油和酒拌在一起烹制成的饮食）说："酒是自己熬的、鸡是自家养的，大家喝。"他把卷筒纸当"哈达"，空酒瓶当"话筒"，柴火棍当"枪"使，闹得大家很开心。结束时他说："独龙江现在还很穷，也只能这样款待你们，谢谢理解！"

和高德荣相识40年的贡山县原政协主席赵学煌评价：高德荣不是"和群众打成一片"，他是"长在群众里的"。

乡里1000多户人家，高德荣大多能叫出户主或者长辈的名字。他是困难户嘴里的"甘秋"（傈僳语，意为老朋友），年轻人心里的"阿摆"（独龙语，意为父亲），群众眼里的"大爹"。

2014年1月，怒江报记者王靖生跟老县长去迪政当村走访。已经过午了，老县长拿着自己买的腊肉和大米送到困难户迪白家，还嘱咐说"这些东西是上级让我送来的"。迪白给每人倒满一碗水酒，老县长一饮而尽。

王靖生问："为啥不说没吃午饭，喝不了酒？"老县长答："他要是知道我们没吃午饭，家里就算有一只鸡，也会煮给我们吃。"

（2014年12月23日《人民日报》）

（本章供图：中共云南省委宣传部）

211

照亮独龙江的一束光

◎ 光明日报评论员

高德荣，个子很小，却释放着巨大能量；皮肤黝黑，却是照亮独龙江的一束光。

他像高黎贡山一样，坚韧质朴。一辈子都不愿远离独龙江的高德荣，不会说豪言壮语，却质朴而有担当。他把独龙族同胞的脱贫致富当作一生的事业，脚踏实地地为独龙江乡做了一件件利国利民的大实事。他是老百姓的亲人，也是老百姓的"定心丸"，只要有他在，老百姓就安心。高德荣热爱自己的家乡，他放弃城市优越的生活，两次返乡扎根在条件艰苦的地方。因为有高德荣这样的优秀民族干部，独龙族与其他兄弟民族一同奔小康的路不再遥远。

他像独龙江水一样，清澈无私。他清正廉洁，一身正气，从不为个人谋私利。他无数次自掏腰包帮助困难群众，却说是上级派他送去的。他一心为民，不辞辛苦，不计荣辱，心甘情愿为地方经济发展、民族团结、百姓生活改善奔走劳累。只要老百姓能得到好处，再苦再累他都觉得值。他把"群众的生活一天比一天好起来"当作人生的最大快乐。

他始终不忘共产党员的本色，坚持群众观点和群众路线，把全身心献给党和人民的事业，把实现好、维护好、发展好群

212

众的利益作为人生追求。无论在什么岗位，担任什么职务，他都不忘恩、不忘本、不妄为，用实际行动诠释着共产党员的政治本色、公仆本色、清廉本色。

（2014 年 12 月 22 日《光明日报》）

海军 372 潜艇官兵群体

　　372潜艇官兵群体者，乃中国海军潜艇某支队之精英团队也。人称"水下尖刀"，不辱捍疆使命；练精兵于平日，风行雷迅；备实战于随时，志奋鹰扬。某日作远航，忽遇"掉深"险情。危在瞬息，显忠诚之本色；遽排大险，筑众志之长城。闭阀门，操仪器，捷足有如罗盛教；排万险，再向前，奋身亦同黄继光。壮乎！临危不惧、处变不惊，齐心协力、迎难而上，足见训练之有素、本领之高强。赞曰：练兵备战，甘蹈浪涛，筑基强军，扬我国威。

楹联

下潜即战斗，掉深入海生死线；
真功经烈火，化险为夷钢铁兵。

（卜用可）

水下锻尖刀，当兵何畏潜深海；
心中怀壮志，备战自甘蹈险涛。

（吕可夫）

诗词

题海军 372 潜艇官兵群体
何云春

潜海强军苦训龙，击风破浪锻真功。
深渊遇险心坚定，孤艇突围气势宏。
壮士驱鳌驰万里，汪洋斗胆入千重。
烟云又罩南疆月，水下尖兵筑碧城。

渔家傲·赞海军 372 潜艇官兵群体
高 昌

风雨苍茫云水怒，儿郎热血英雄赋。
一剑凌波沧海渡，神州护，纷纷点赞声威著。
报国情怀人久慕，浮沉来去闲庭步。
大显风流潇洒处，楷模树，壮歌声里光荣路。

通讯 TONGXUN

生死传奇 3 分钟

◎ 倪光辉

在深海里潜行，会遭遇什么？长期处于和平环境的部队，怎样确保召之即来、来之能战、战之必胜？

南海舰队某潜艇支队372潜艇，以一次惊心动魄的远航回答了疑问。

在海军组织的一次实战化紧急拉动和战备远航训练中，该艇在深海突遇重大险情，全艇官兵临危不惧，创造了我国乃至世界潜艇史上的水下传奇。习主席签发通令，给海上临时党委书记、任务指挥员、该支队支队长王红理记一等功。海军给372潜艇记一等功。

生与死的考验：海底"掉深" 3 分钟

那天夜里，潜艇在深海潜航，一切井然有序。

午夜时分，潜艇深度计指针突然向下大幅度跳动。

"不好，掉深了！"舵信班副班长成云朝一声惊呼，打破了指挥舱内原有的宁静。这是潜艇水下最危险的状况之一，如果不能迅速控制下潜状态，"掉深"到极限深度

艇听我的话，我听党的话（穆瑞林／摄）

便会艇毁人亡，外军曾有过血的教训。

此时，事发海域水深数千米，潜艇因浮力下降而急速下沉。增速、供气……就在官兵忙着处置险情时，更大的危险接踵而至：主电机舱一根管道突然破裂，海水喷涌而入……

"损管警报！""向所有水柜供气！"生死关头，指挥员王红理果断下令。

当时，陈祖军、朱召伟和毛雪刚3人正在主机舱里值班。管路爆裂一刹那，陈祖军条件反射般地瞬间作出反应，迅速关停工作设备，按损管部署下达封舱口令。

"当时舱里什么都看不见，也听不清指令，我立即停止主电机，断开电枢开关，关闭通风机、空调。"陈祖军复述着当时的一系列动作，"我心里清楚，封舱就意味着断绝了退路；一旦堵漏失败，我们3人将遭遇灭顶之灾。"

位于舱底的轮机兵朱召伟，没有任何迟疑与畏惧，冲进了水雾。

海水以几十个大气压力喷射而出，打在身上钻心地痛。"当时脑子里就想着赶紧关闭各种阀门和开关。"他平静地说。

电工班长毛雪刚全然不顾安危，从前跑到后，从上跑到下，一路摸索着关闭大小阀门 40 多个，成功延缓了进水速度，但人却被高压气体挤压得呼吸困难……

不到 10 秒钟，应急供气阀门打开，所有水柜开始供气；1 分钟内，上百个阀门关闭，数十种电气设备关停；2 分钟后，全艇各舱室封舱完毕。

时间一秒一秒过去，每一秒都那么漫长、煎熬……3 分钟后，"掉深"终于停止；在悬停 10 余秒后，艇体开始上浮；最终，如一头巨鲸般跃出海面。

胜与负的较量：贴近实战练精兵

"把饭做好，晚上等我回家一起吃……"那一天，不少官兵给妻子打电话说。

没想到，刚放下电话，艇队就接到紧急出航命令；大家二话没说，背起战备包就钻进了潜艇升降口。

"来不及跟家人说句再见，悄无声息地离家远航是潜艇人的生活常态。"艇政委张学东说。

372 潜艇所在的部队时刻处于枕戈待旦状态。他们的备品配件等一应俱全，随便抽点海上指挥组成员和所有任务艇员，均全时在位。

那天，372 潜艇突然接到上级战斗出航命令，艇员们各司其职，忙而不乱，提前数小时完成出航准备。

未来战场上的较量，比的就是平时训练水平。372 潜艇在练兵场上和"打仗"较起了真。

潜潜对抗安全风险较高。372 潜艇与兄弟部队潜艇在万顷碧波下放

为了潜艇事业，官兵们与家人聚少离多（穆瑞林／摄）

手较量……经过数回合的较量，该艇成功锁定目标，探索出让潜艇在不同水深进行对抗的组训模式，让演练更加贴近实战，同时还确保了安全。

操纵潜艇，犹如"在刀尖上跳集体舞"。372潜艇训练严格是出了名的。每年的损管专项训练，脱险、灭火、堵漏，都是玩真的。艇员无论干部战士，人人参加，反复进行，直到形成机械记忆、人人过关为止。

"靠运气，一次两次可以，但能顺利完成这么多重大任务，靠的是平时严格训练。"艇长易辉说。

自列装以来，372潜艇不仅迅速形成战斗力，还多次完成演习、远航、导弹实射等重大任务，开创了该型潜艇多项第一，多次被舰队表彰为基层建设标兵单位、军事训练先进单位、先进党支部和先进团支部。

进与退的抉择：出航就要打胜仗

"平时训练完不成任务，和战时打了败仗没啥区别。"王红理说，

损管堵漏训练（周演成／摄）

"再难再险也得上。宁可舍命，也要不辱使命。"

抛开生死不顾，372潜艇自修自检装备后再次下潜，数十天后，圆满完成任务凯旋。

"什么叫打仗作风？对潜艇官兵来讲，就是险情面前头不蒙，强敌面前手不抖，困难面前腿不软。"随艇执行任务的支队政治部主任何占良感慨地说。

当时，372潜艇动力舱进水数十吨，主电机、空压机等重要电气设备被海水淹泡无法工作，潜艇一度失去动力。

经过初步排查，临时党委决定："赶在天亮前恢复动力，继续向大洋挺进！"乘着夜色掩护，潜艇浮起抢修。

掌控全艇电力"神经"的电工军士长陈祖军首担重任，为了在第一时间恢复某控制板，只能一遍遍用抹布擦干控制板内的海水，反复清洁密密麻麻的连接线、触头等装置。由于空调系统无法使用，舱室温度高达 53 摄氏度，湿度更是达到 90%，陈祖军趴着忙活了三个半小时。

该艇动力长肖亮，原是军校的军事五项全能冠军，但在高强度的抢修过程中，累得三次抽筋。军医建议他休息，但在听到指挥员下达命令时，肖亮依然用颤抖的手去按操作按钮，在场官兵无不为之动容。

"这种敢打硬仗、敢啃硬骨头的作风，在艇队有着深厚的积淀。"随艇执行任务的支队副参谋长刘涛说。

一次远航，372 潜艇经过连续航行，艇员已极度疲惫，却又连续遭遇两次强台风袭击。在水下数十米抗风，潜艇横摇仍然达到 15 度。为了最大限度地节省电能，艇员们仅靠饼干和火腿肠充饥，在高温下坚守岗位，没有一人叫苦叫累、临阵退缩。

当该艇完成任务胜利靠上码头，所有人都惊呆了：原本光滑平顺的艇体变了模样，长时间水下航行，密密麻麻的海洋附生物已悄然在艇体上安了家。

这样的经历，372 潜艇几乎每名官兵都有，但他们从未因此而胆怯，依然心无旁骛，默默地奉献着。

（2014 年 12 月 18 日《人民日报》）

"深海铁拳" 力道何来

◎ 倪光辉

这是一艘有着"大洋黑洞"之称的新型常规潜艇，被誉为"深海铁拳"。

从接装入列、全训考核到形成战斗力，南海舰队某潜艇支队 372 潜艇官兵一路闯关夺隘。半年完成接装，一年内完成全训形成战斗力，第二年就执行战备远航任务，创下我海军常规潜艇的 14 个首次和第一。

面对使命召唤，372 潜艇官兵闻战则喜，动若风发，以最快速度战斗出航；面对突发险情，372 潜艇官兵处变不惊，奋力排险，创造了我国乃至世界潜艇史上的奇迹。

这支特别讲忠诚、特别敢担当、特别有血性、特别能打仗的"深海铁拳"是如何锻造的？近日，记者走进 372 潜艇这个英雄群体，追溯他们的战斗航迹，探寻他们的精神内核。

勇于担当的忠诚艇队：铸牢打仗思想

这是一次不同寻常的战备拉动，从命令下达到战斗出航，372 潜艇仅用了规定时间的一半。

潜艇官兵争当强军先锋，矢志建功深蓝（穆瑞林／摄）

对现代都市人来说，"说走就走的旅行"是时尚和洒脱，但对潜艇兵而言，说走就走的出征则是常态和职责。"每一次看似平常的出征，都饱含着潜艇兵对祖国人民的忠诚，对强军使命的担当。"372潜艇所在支队政委李云平告诉记者。

"闻令而动、听令而行。打仗思想，在372潜艇上表现得尤为突出。上至艇长政委，下到列兵艇员，人人都在想打仗、谋打仗、练打仗。"支队长王红理说，这些年，艇队官兵自觉把使命任务放在第一位，无论遇到多大的艰难险阻，面临怎样的严峻考验，没有一名官兵因任务艰险打退堂鼓，因个人困难掉链子。

372潜艇为什么能够在深海远洋历大险、建奇功？

"强军目标激励我们逐梦深蓝，给了我们战风斗浪的巨大力量，锻造了勇于担当的忠诚品质。"作为海上作战的主战兵力，372潜艇始终坚持当尖兵，教育引导官兵自觉把"我的梦"融入"强军梦"。

372 潜艇官兵是有灵魂、有本事、有血性、有品德的新一代革命军人的楷模（穆瑞林／摄）

——每次远航，艇队官兵都积极要求参加，有的身体有结石不能参加任务，就偷偷去医院忍着巨痛把结石打掉后再次申请。援潜训练、快漂试验等科目都有一定风险，但官兵们没有一个退缩。

——由于经常出海执行任务，艇队官兵有的父母去世无法送终，有的妻子分娩不能照料，有的多次推迟婚期……可谓人人都有揪心事、个个流过男儿泪，但官兵们有苦不言苦、有难不畏难。

"潜艇遂行的是特殊任务，一举一动都牵动着国家利益的敏感神经。绝对忠诚、绝对纯洁、绝对可靠的政治品质，已融入潜艇兵的血脉和灵魂，成为我们的信念罗盘和精神灯塔。"王红理说。

敢打必胜的精武艇队：练就打仗本领

这是一次极具挑战性的深海博弈。面对外军舰机的立体搜索，千里奔袭、带"伤"上阵的 372 潜艇官兵，巧妙应对、斗智斗勇，成功突破对手的围追堵截。

向强敌亮剑、与强手过招，不仅需要超凡的胆识和勇气，更需要过硬的制胜本领。

那天险情发生时，主机舱里一片水雾，在看不见、听不清、站不稳的情况下，当值的陈祖军、朱召伟和毛雪刚 3 名战士，依靠平时练就的娴熟技能，不到 2 分钟就关闭 40 多个阀门、关停 14 种电气设备。

"化险为夷的高超本领，源自平日高难度训练练就的过硬技术。"艇长易辉说。

"当时什么都没想，几乎所有的动作都是凭肢体记忆'盲操'。"轮机兵朱召伟说，"支队经常组织'蒙眼损管'趣味小比武，刚开始只觉得好玩，没想到这次还真派上了大用场。"

这些年，372 潜艇坚持以战斗力标准为"指挥棒"，把能打仗、打胜仗当主课钻、当事业干，不断提高实战化水平，打造了一支平时不畏

紧急关闭通风阀（刘泽辉／摄）

225

战、战时不畏敌的精武艇队。

他们认准一个道理：平时训练严一分，战时胜算多几成。每次出海训练都设置不同训练科目、训练内容，损管操演设置舱室进水、设备起火等叠连险情，海上训练组织紧急速潜、大深度连续航行，让危情经历在平时、化解在平时。

过硬艇队必须人人过硬。"百人同操一条艇"，哪个战位都不能弱。在 372 潜艇，损管操演、理论考核、封舱灭火、部署操演、紧急拉动……科目随你点，人员随你抽，没有过不了关的。

"政治干部也要参加雾中航行考试。"艇政委张学东告诉记者，他和大家一样参加训练、一起接受考核，压力很大。满分 100 分的军事训练考核，在支队 90 分才算及格。某副艇长考了 87 分，根据《支队军事训练工作奖惩措施》，责令其重训重考。

"官兵们像熟悉自己的身体一样熟悉装备，像给潜艇充电一样不断给自己充电。"张学东说。艇队先后有 40 多人完成学历升级，30 多人获得电工等级、电气技术员等资格证书，26 人获优秀士官人才奖。

英勇无畏的铁血艇队：培树打仗作风

"打胜仗并不是一句口号。"走进 372 潜艇，从一点一滴、一人一事中，记者感受到他们围绕强军目标苦练精兵的不懈努力和"随时准备打仗"的男儿血性。

"怕死不当潜艇兵。"官兵脱口而出的话在艇队和支队营院处处可见。李云平告诉记者，长期以来他们十分注重战斗精神的培树，建成了战斗精神主题公园和历史荣誉长廊，漫步营区，处处洋溢着战斗气氛。

"打仗作风的体现，就是人人一身虎气，个个充满血性。"李云平说，正是凭着这种顽强作风和血性品格，不管是危机四伏的深海大洋，还是面对强手蓄意挑衅，艇队官兵都能不畏艰险、越战越勇。

　　潜艇是水下高科技堡垒，驾驭这样的高新装备，必须砥砺严谨细实的优良作风。

　　艇动三分险，依规行事就不险。潜艇出海往往"上有敌情、下有特情"，只有念好规章制度的"紧箍咒"，才能筑起应对危险的"防火墙"，撑起保障安全的"防护伞"。他们制定完善《应急处置安全管控手册》等20多项具体制度。艇队官兵养成了"与制度对表、按规矩办事、照规程操作"的好习惯。

　　只有万分细致，才能万无一失。潜艇有近千台仪器设备、几千条管路、上万个阀件，操作维护容不得任何差错。一次模拟鱼雷发射训练，所有装置信号器显示正常，但连续3次遥控发射都出现程序中断。经排查发现是一名新战士在装备保养时，将一个信号器螺纹顶杆多拧了两圈。艇队举一反三吸取教训，对装备实行量化管理，采取"读卡制"跟踪监控。

　　每次装备检查，都做到专业兵自查一遍、专业技师复查一遍、部门长巡查一遍、艇队领导抽查一遍，构筑起"四道安全门"。一次海上训练，轮机技师周军生从某舱室经过时，听到排气通风机有异常响声，他没有放过这一细微疑点，马上关机排查，发现一个叶轮松动。当时潜艇正在充电，一旦叶轮脱落将可能引发严重后果。正是凭着这种认真劲儿，他们消除多起问题苗头，保证了装备和人员安全。

　　驾驭潜艇如同在刀尖上跳集体舞，艇队坚持精练"步调一致"。在艇上，相互间的一个眼神、一个手势，大家都能心领神会。在处置重大险情中，全艇官兵3分钟内执行30多个口令、完成500多个动作，均精准无误，配合默契。

　　"这样的钢铁集体，没有闯不过的惊涛骇浪。"让人不禁为之赞叹。

（2014 年 12 月 19 日《人民日报》）

托起"深海蓝鲸"的铁汉们

◎ 倪光辉

"**爸**爸，您去哪里了？"

面对孩子的疑问，潜艇官兵们常常默默无语……

"不要问我在哪里，问我也不能告诉你。"因为特殊的使命任务，潜艇兵出海、归航注定没有鲜花和掌声。他们是一个默默付出勇于担当的群体。在家与国的取舍面前，报效国家的信念总是坚如磐石。

他们在深海大洋里游弋，他们就是托起"深海蓝鲸"的铁汉！

"什么也不说，祖国知道我！" 372 潜艇官兵明白，牺牲只是军人最大的付出，胜利终将是他们最高的荣誉。

没有海底浪漫　处处经受考验

"原以为海底很浪漫，其实完全不是那个样子。""我曾经去过一次潜艇，那环境让我牵挂，我再也不忍心看了！" 372 艇航海长李奎的爱人杨颖，把对丈夫的思念深埋心底。

军嫂们说，丈夫都把时间献给了潜艇（穆瑞林／摄）

那是什么样的工作环境呢？

潜艇的进舱口很小，只能容一个人出入。舱门关闭后，一种压迫感袭来。舱内狭小的空间，布满各种线路管道和仪表设备。在一个舱室里，不到两米的高度横着3层铺位，每个铺位1米多长，并排铺位的间隙也就一个转身的距离，比火车上的卧铺车厢要狭窄得多。

舱内空间逼仄，温度也并不"宜人"。因为工作环境不一样，舱室之间的温差有三四十摄氏度：有的舱室热得穿背心短裤仍大汗淋漓，有的舱室披着大衣还冻得发抖。

饮食也是大问题。潜艇内不能生火做饭，新鲜蔬菜更是奢侈品。在远航中，淡水宝贵至极。每个人的日用水量在1升左右。就连每周一次的洗澡，也有严格的用水限制。因为环境所限，关节炎、腰椎间盘突出等，成为艇员的常见病。高温、高湿、高噪声、高污染环境，时刻考验着官兵。在潜艇中，一般人生物钟都会紊乱。"莫说完成任务，能在

229

高温、高湿常年伴随着潜艇兵。这是 2014 年 12 月 3 日，潜艇内宿舍里的温度和湿度（穆瑞林 / 摄）

艇里待住就是奉献。"这就是记者的直接感受。

"小说中将海底描述得那样浪漫。其实潜艇在大洋潜航时，只有无边的黑暗，还有处处潜伏的危机。"支队副参谋长刘涛告诉记者。

潜艇部队的战斗力标准要用远洋大海来检验。"悄无声息离家远航，没人知道我们正经历着什么，一旦遇险，只能独自担当。"该艇政委张学东说。

即便如此，潜艇兵也有着自己的浪漫情怀。"烟波浩渺风光好，新春踏浪谁人早，蓝水长波心不老。计划隐蔽安全，强军重任在肩。诸君戮力同心，再写首艇新篇。"支队长王红理在执行任务后，写下这样一首词。

不管挺进深蓝有多大风浪，深海大洋暗藏多少危机，这种情怀支撑着中国海军潜艇兵义无反顾，无怨无悔！

航海长李奎和妻子杨颖（李唐／摄）

飞机还未落地　潜艇已经远航

那天，372潜艇接到上级紧急出航命令，要求以最短的时间赶赴预定海域执行任务。

艇队党支部一边开会受领任务，一边组织物资装载、备航备潜，提前完成战斗出航准备，并在海上直接转入战备远航。

就在这次远航前，两名官兵家属即将临产，12名官兵的爱人、子女或父母正准备来队团聚，有的还在来队途中等着接站……在家与国的取舍面前，官兵们没有丝毫迟疑，来不及向妻儿说句再见，顾不上向父母道声保重，悄无声息离家远航。

电航技师周军结婚后，妻子王梅一直在老家照顾生病的双亲。12

年来，两人团聚的时间加在一起不到 10 个月。今年她特意买了机票，带着 10 岁的女儿来队探亲，可飞机还没落地，周军已随艇出海。妻子苦苦等了一个月也没看到丈夫回来，眼看女儿就要开学，不得不返回老家。临走时，女儿哭着问妈妈："爸爸怎么躲着不见我们？你们是不是离婚了？"看着女儿哭花的小脸，王梅的泪水只能往肚里咽。

远航前夕，王红理母亲病重，他匆匆赶回老家，想陪在母亲身边多照料一些日子，谁知刚进家门就接到任务通知。望着病榻上面容憔悴的老母亲，想到可能无法送老人最后一程，他心如刀绞。自古忠孝难两全。王红理只能做最坏的打算，提前安排好母亲后事，临走前把善后费用留给亲戚……

那一年，舵信班副班长成云朝的父亲突发脑出血。他急忙请假和爱人王玲肖赶回家照顾，可没几天就接到归队执行任务的电话；善解人意的妻子对他说，"家里有我在，你就放心归队吧。"这一照顾就是好

轮机技师周军生与妻子王红玲和儿子在一起（李唐／摄）

舵信班副班长成云朝和妻子王玲肖一家三口（李唐／摄）

几年。邻居都夸这媳妇比儿子还管用，但她淡淡地说："虽然不知道老公在干什么，但我知道该为老公做些什么！"

这样的故事，几乎在372潜艇每名官兵的身上都发生过。

装备一清二楚　家人无法呵护

372潜艇两个"海霞宝宝"的故事，在支队人人皆知。

一次远航前，动力长谢宝树和雷弹长陈凯军的家属怀孕待产。得知此事，艇队官兵踊跃给两个即将出生的小宝宝取名为"海霞"和"远航"。

出海期间，谢宝树爱人符蓉临产，按规定需家属签字。符蓉强忍着阵痛对医生说："我老公出海了，字由我来签，责任我来担！"

陈凯军与爱人王青曾约定，生产时一定陪在身边。可直到过了预产期，老公还不见踪影。就在王青准备做剖腹产的当天，陈凯军返航归

动力长谢宝树和妻子符容（李唐／摄）

来；幸运的是，母子平安。

"作为潜艇兵，我们视装备如己出，就像呵护孩子那样，有个什么头疼脑热的，自己最清楚。"士官赵满星这样描述他和职掌设备的关系。他是业务骨干，出海时间多，与妻子长期两地分居，一年只有两个月团聚。

372潜艇副政委许建文，对全艇潜构数据了如指掌，却时常忘记爱人和自己的生日。

372潜艇所在军港码头附近有条海边小道，在丈夫远航的日子里，军嫂们常带着孩子到这里深情守望。时间长了，大家都管这条路叫"望归路"。

"他们肩上有多少重托，背后就有多少牵挂。一个心里装着大海的军人，肯定是一个值得托付终身的爱人。"王红理的妻子张艳说。

"你潜航再远再深，也走不出我的思念；远航归来，是我最大的幸福！"　"我愿意一直站在你左边，因为你敬礼的右手属于祖国、属于军队，而你的左手有我最幸福的拥抱。"军医卢翀的妻子曾晓燕说。

军嫂们朴实的话语，道出她们对丈夫最深沉的爱恋、对丈夫事业最无私的支持，也诠释了潜艇兵对祖国最坚定的信念、最赤诚的爱。

"为将忘家，逾垠忘亲，指敌忘身，必死则生。"这，是 372 潜艇官兵报国情怀的真实写照。

（2014 年 12 月 20 日《人民日报》）

潜行无声，深海擎剑胆惊天

◎ 徐双喜　秦　超　张科进　吴　超

黝黑冷峻，伏波横卧。

初冬的南中国海暖阳如煦，一艘钢铁蓝鲸静卧在海面上。

就是它，不久前刚经历了一场与死神握手的绝地求生；就是它，英勇完成了一次带伤转战数千海里的秘密航程……

大海云谲波诡，自有英雄安澜：滔天骇浪之中书写精武传奇，惊心动魄时刻默默忠诚报国！

无边深海，只身赴龙潭的底气是什么？战胜险情，一不怕苦、二不怕死的血性胆气哪里来？今天，让我们一起走进海军 372 潜艇，探寻一个英雄群体临危不惧、处变不惊的精神内核。

入水隐身，回港无声。深海潜行的生死时刻，官兵们挺身"堵枪眼"——有一种血性，叫默默地"豁出去"

生命对于每个人来说，都只有一次。生死关头，不同的人作出不同选择。

潜艇起航出港（万俊成／摄）

"嘭！"那天凌晨时分，372 潜艇突遇"水下断崖"，潜艇急速下降。千钧一发之际，又一灭顶之灾降临：主机舱一根管道突然破裂，海水呈喷射状飞溅涌入。

"损管警报！""向所有水柜供气！"海上临时党委书记、任务指挥员、南海舰队某潜艇支队支队长王红理，第一时间果断下令。

此刻，主机舱内水雾迷蒙、噪声很大，什么也看不见，什么也听不清。正在值更的电工军士长陈祖军、轮机兵朱召伟和电工班长毛雪刚瞬间就站了出来，条件反射般地关停了主电机和部分设备，并在第一时间进行封舱处理。

"我们心里非常清楚，封舱就意味着断绝退路。"陈祖军告诉记者，"一旦堵漏失败，舱内的人就没有生还的机会。"然而，他们当时一心只想着快速堵漏，其他的都没有来得及考虑。

位于舱底的朱召伟迅疾扑向破损的管路，却被高压海水一次次冲了回来，飞溅的海水打在身上如针刺般疼。后背撞到舱壁上，被螺杆划得血流不止，他全然不顾，拼尽全力终于将阀门关闭。

毛雪刚跌撞着从前跑到后，从上跑到下，一路摸索着关闭大小阀门40多个，并成功向舱室供气建立反压力，延缓了进水速度。高压气体将他挤压得呼吸困难，耳膜刺痛，脑袋嗡嗡作响……

"潜艇兵都知道，潜艇一怕掉深、二怕进水、三怕起火。主机舱内遍布各种电气设备，一旦被淹将导致短路引发火灾，多种险情叠加带给我们的将是艇毁人亡。"随艇出航的海军司令部参谋马泽说，3名战士果敢决绝的动作，为潜艇快速浮起争取了时间、创造了条件。

"临难不顾生，身死魂飞扬。岂为全躯士，效命争战场。"官兵们把个人安危置之度外，把生的希望让给战友，一曲新时期挺身"堵枪眼"的革命英雄主义壮歌回响在无边深海！

战士吴松林在高度不足1米的电池舱工作时，根本就不可能直起腰，他必须趴在滑板车上来回作业（穆瑞林／摄）

238

潜艇成功浮起后，官兵又展开一场抢修受损设备的接力赛——

动力长肖亮 3 次累晕在岗位上，清醒后又继续投入战斗；舱段兵邹晓波连续 6 次潜入管路交错、混杂着油污的舱底，呛进嘴里的污油水又脏又臭，但他硬是用手一点点把堵在排水口的残渣掏干净……

据介绍，数十名抢修官兵在逼仄狭小、温度高达 53℃ 的主机舱内，处理电线、电缆、线圈的总长度超过 10 千米，连续 60 个小时完成的工作量，相当于岸基车间里 30 个熟练工人 60 天的工作量。

入水隐身，回港无声。深海潜航需要静默，官兵不敢大声说话，避免产生更多噪声。潜艇兵每一次执行任务，干什么、去多久、去哪里，都是秘密。对潜艇兵来说，有一种血性，叫默默地"豁出去"。

这次远航前，艇队有 2 名官兵家属即将临产，12 名官兵的家人即将来队团聚……在使命面前，官兵来不及向妻儿说句再见，顾不上向父母道声保重，便悄无声息出征。

这次远航前，王红理的母亲病重，他刚回到湖南老家就接到任务通知。望着病榻上面容憔悴的老母亲，想到可能无法送老人最后一程，他心如刀绞，泪流满面。

"为将忘家，逾垠忘亲，指敌忘身，必死则生。"这就是英雄的372 潜艇官兵！

潜艇出航往往"上有敌情、下有特情"，官兵犹如在刀尖上跳舞——有一种淬炼，叫刀口舔血

战斗警报响起，王红理心中一紧，真正的战斗即将打响。

那天清晨，372 潜艇因水下遇险导致装备受损，正在水面紧急抢修。此时，多批外军舰机不请自来，对潜艇进行大强度的跟踪监视和围追堵截。

他们还能"战"吗？

这一刻，372潜艇虽然经过修理初具航行条件，但"伤势"依然很严重。

这一刻，连续几十小时的排险、抢修，让大家又累又困，身心疲惫到了极点。

王红理十分清楚，这时与对手周旋，是一件极其危险的事。

"既然天上掉下来'免费'的陪练，就不能辜负人家的'美意'。"急促的警报声，将全艇官兵的战斗意志瞬间引爆，大家没有任何的迟疑，均以最快的速度各就各位，做好"迎战"准备。

大海波涛汹涌，双方的较量悄无声息。海上临时党委统一思想："置之死地而后生！"他们瞅准一个摆脱跟踪的有利机会，决定再次冒险进行突破……综合运用一系列战术动作，他们悄无声息地突破了对手布下的反潜封锁网。

深海独行，危机四伏。支队副参谋长刘涛无限感慨：潜艇出航往往"上有敌情、下有特情"，官兵犹如在刀尖上跳舞。

那年，372潜艇远航不久，随着"嘭"的一声，艇体抖动几下，迅速下沉。经排查，发现潜艇浮箱发生漏水，影响了浮力。

此时，大洋中暗流涌动，若处置不当后果不堪设想。他们果断采取非常规处理方式，保持住潜艇平衡性。这一超常举措虽然加大了潜艇上浮下潜和定深航行的难度，但保证了训练任务的圆满完成。

深海擎剑胆惊天。这艘用钢铁打造的潜艇，从不缺乏钢铁般的战斗意志和作风——

几年前执行战备远航任务时，372潜艇连续遭遇强台风袭击，即便在水下数十米，艇体横倾幅度仍非常大。为最大限度节省电能，延长水下续航时间，他们连续10天不开空调、不用电灶做饭，仅靠单兵干粮充饥，在近60℃的高温下坚守战位……

有一种淬炼，叫刀口舔血！该艇艇长易辉说，一次次闯关历险，一回回实战化砥砺，一次次与强手交锋过招，让他们摔打出"强敌面前头不蒙、险情面前手不抖、生死面前腿不软"的铁血意志！

指挥员胸中澎湃着军人的热血，艇员就会始终保持闻战则喜的状态——有一种豪情，叫"跟我上"

潜艇受"伤"，任务还要继续吗？

"遇到困难就退缩，与临阵脱逃没什么两样。"险情发生后的第二天，王红理在临时党委会上斩钉截铁地说，"作为海上指挥员，该承担的责任我绝不推诿，该检讨的问题我回去检讨，但有一条，哪怕前面是龙潭虎穴、万丈深渊，上级交给的任务必须完成。"

"我们7名临时党委委员一致表示，为了任务，为了胜利，只要还有一线希望，就要作出百倍努力。"回想起当时情景，海上临时党委副书记、支队政治部主任何占良仍历历在目，激动不已。

会上，临时党委作出决定：克服一切困难，继续向深海航行。

有敢蹚龙潭的排头兵，就有敢赴深渊的追随者。临时党委的决定得到全艇官兵的坚决拥护，大家表示：不管前面有千难万险，上了战场就要勇往直前！在这一期的《水下长城报》上，有官兵写下请战书表明心迹："绝不能当软蛋，绝不能当熊包！"

"我会保证大家的安全，把你们活着带出来，也会把你们好好带回去！"王红理镇定自若的话语，给大家吃了一颗"定心丸"。全艇官兵士气高涨，"玩命"抢修了几十个小时，没有一人叫苦叫累。

有一种豪情，叫"跟我上"！支队政委李云平告诉我们，指挥员胸中澎湃着军人的热血，艇员就会始终保持闻战则喜的状态。

那年，南海舰队某潜艇执行实兵对抗演练任务中，突发重大险情，如处置不当后果不堪设想。曾有外军潜艇，就因类似险情导致艇毁人亡。

生死一线，该艇先后组织100多批次、数百人次实施排障都未见效，危险一步步加剧。前来支援的时任南海舰队副参谋长肖新年赶到潜艇上，亲自组织抢险。

将军和士兵在一起！参与救援的官兵群情激昂，没有一人因畏险而退避。最后，他们不仅成功处置了险情，而且没有一人受伤。

"子帅以正，孰敢不正？"谈及这段往事，官兵们不胜感慨：指挥员敢喊"跟我上"，士兵岂能当熊包？

勇者无畏，智者无敌。他们靠真难实严铸就钢筋铁骨，一次次从深海发出雷霆——有一种底气，叫用我必胜

这是一组令人叹服的数据：372潜艇处置这次重大险情最关键的3分钟里，指挥员下达了数十道口令，艇员们完成500多个动作。令人惊叹的是，千钧一发之际，这数十道口令竟无一差错，500多个动作也无一失误。

"当时指挥员要是犹豫那么三五秒，或者有一个错误的口令；要是官兵有一个错误动作，或者该关的没能及时关掉，该断的没能及时断掉，该堵的没能及时堵住，结果就会截然相反。"该艇副艇长李伟如是说。

重大险情发生时，由于压力增大、耳膜承压，正在封舱抢险的3名战士听不清指令，他们在应答时说："你的口令我听不清，我们正在按损管规定操作。"

"在舱内既看不见也听不清，几乎所有的动作都是凭肢体记忆'盲操'。"朱召伟事后感慨地告诉我们，支队经常组织"蒙眼损管"比武，没想到关键时刻派上了大用场。

372潜艇凯旋后，海军领导给予高度评价："当时如果选择返航也能拿3到4分，现在你们交出了一份出色答卷，完全可以打5+。"

有一种底气，叫用我必胜！这些年来，艇队始终向官兵灌输一种理念：打胜仗既要靠敢于胜利的血性，还要有敢于胜利的本领！

那年，372潜艇赴远海执行任务，刚出去没多久，外军反潜舰机就跟了上来。其间，跟踪与反跟踪、侦察与反侦察、围堵与反围堵从未停歇过。官兵们把对手当"陪练"，走一路练一路、斗一路提高一路，一次长航下来，摸索出多种克敌制胜的新战法。

勇者无畏，智者无敌。他们靠真难实严铸就钢筋铁骨，一次次从深海发出雷霆——

2013年，372潜艇参加上级组织的鱼雷攻击考核，当时海况复杂、浪高超过4米，有的官兵担心此时发射鱼雷风险太大，建议向上级请示延迟考核。

考核可以选择天气，但战争绝不会因天气而推迟。艇党支部研究认为：只要实战需要，这个险就冒得值！

"轰！轰！"最后，他们打出了2发2中的好成绩。

"你说你看不到我的军旗航迹，我只能告诉你我是制胜霹雳，渴望在战火中锻造辉煌，更愿意把和平献给大地……"海风习习，嘹亮的歌声和着军港的波涛响彻海平面。

这是英雄372潜艇的回答，这是中国海军潜艇兵的誓言！

（2014年12月18日《解放军报》）

深海铁拳，大洋角逐我争雄

◎ 徐叶青　秦　超　王凌硕　高　毅

月光皎洁，海军 372 潜艇抖落一身海水浮上水面，似一柄长剑寒光四射，又似一只铁拳沉静刚毅。

组建以来，官兵们骑鲸蹈海驰骋大洋。在急难险重任务中，在复杂电磁和水声条件下，在一次次暗藏杀机的对抗演练中，似蛟龙频频争胜于浩瀚大洋。

那一年，一批经过严格选拔培训的海军精兵强将接过 372 潜艇的军旗，该艇加入战斗序列。弹指一挥十春秋，372 潜艇官兵出色完成了战备远航、雷弹实射、警戒护航等重大军事任务，成为随时准备亮剑大洋的深海铁拳。

1 年形成战斗力，2 年执行远航任务，
创造我海军常规潜艇战备训练14个第一——
敢"吃螃蟹"敢担当

10 年砺剑大洋，372 潜艇创下人民海军常规潜艇战备训练 14 个第一。

2014 年年初，兄弟部队一位艇长到 372 潜艇"取经"，细细看细细问，走时感叹地留下一句话：你们英雄虎胆，

水下发射导弹（高毅／摄）

敢"吃螃蟹"敢担当，哪有闯不过去的大风大浪！

　　新潜艇加入战斗序列伊始，全艇官兵面对的是一片空白，满目"禁区"。"不骑马不骑牛，骑着毛驴走中游"，作为某新型潜艇首艇，他们原本可以按部就班、稳扎稳打……

　　可 372 潜艇的选择却是：往"不敢想"处想，向"不敢干"处干。

　　这年 7 月，南海某海域，云飞浪卷，372 潜艇与某驱逐舰编队展开了一场无声较量。没有冲天炮火，没有目标显示，寂静里潜藏着无尽的杀机。

　　接到命令，372 潜艇精心计算，由预定航线到伏击区花费时间较长，容易被"敌"发现。他们胆大心细走"捷径"，驶过一条暗礁暗涌多的狭窄水道直插预定海域。

　　"报告艇指，方位 ××，距离 ×× 链发现目标！"

　　372 潜艇的突然出现让对手惊呆了，他们多次测算，以 372 潜艇的机动能力，绝不可能如此快地出现在演习海域，连呼"他们从哪儿冒出

245

来的"。可是，话音未落，已被 372 潜艇一雷"击中"。

372 潜艇的做法引来众议。有人质疑，仅仅是一次演习，何必去闯狭窄水道的"禁区"？对此，官兵们却说，打仗哪有禁区，制胜才是根本法则，今天畏头缩尾、瞻前顾后，明天哪有胜利可言？

这险那险，打不赢才是最大的险；今天多冒一分险，战时才能少流血！

372 潜艇有一张扎了密密麻麻上千个孔的海图，这张普通的海图见证了艇队一次导弹极限发射的艰难过程——

那次，372 潜艇结合演习进行某型导弹实射，目标靶船处于导弹极限射程边缘，需要调整设计射程。如此一来，飞行航线就会扩大，稍有不慎，导弹极有可能飞出安全控制区，造成不可想象的风险。

打不打？怎么打？出了问题谁负责？反复计算射程、设计方案，又反复推翻，一张海图被指战员们用笔扎得千疮百孔，才推导出一个最合理的方案。艇领导一声令下：打！导弹蛟龙般破水而出，直刺目标，"轰"的一声，精确命中，又一个练兵禁区被突破。

潜艇堪称"水下幽灵"，来无影去无踪。372 潜艇数次千里走单骑，远航大洋，不断挑战自我。多少次，他们与外军舰机在深海大洋角逐较量、交锋过招。官兵将之视为练兵契机，一次次闯关历险，一次次磨砺剑锋。几年间，他们相继创新 10 多项训法战法，其中 5 项被上级推广。

今天不能过得硬，明天就会血淋淋。功利主义比强敌更可怕，不搞花架子，实打实强素质——打胜仗是"比天还大的事"

372 潜艇曾有一个退旗的故事。

那年，在上级组织的军事训练比武中，372 潜艇总分高居榜首，高高兴兴捧回了军事训练优胜流动红旗。没想到，艇党支部却不满意：参考艇员通过考前训练，侥幸押对了考核的重点内容，这面锦旗有"水分"，当场便退了回去。

功利主义比强敌更可怕，今天不能过得硬，明天就会血淋淋。真练实备，真打实抗，把一切名利思想统统赶出舱外，成了 372 潜艇的"艇训"。

2013 年年底，该艇参加鱼雷攻击考核，当时海区浪高超过 4 米。航渡期间，潜艇被大浪拱来拱去，舵手连把控航向都很吃力。如此恶劣的海况条件发射鱼雷风险极大，一旦打不中，考场败北，英雄艇队就太丢面子了。

恶劣天气恰恰是练兵的良机。进入战斗海域，声呐搜索目标，发现目标，一、二号发射管准备……一声令下，鱼雷刺向目标，该海况条件下深海攻击一举突破。

利剑锋刃不能只靠"抹油"保养，还得靠磨砺。

一次，372 潜艇在某海域开展对舰攻击演练，突然，艇指下达课目：指控系统"出现故障"，手工绘算射击要素！

"什么，2 个目标全要手工绘算？"攻防小组顿时急了。指控明明没有故障，为什么要自己为难自己？一阵手忙脚乱之后，就在他们准备报告武器发射就绪时，艇指却宣布：我艇已失败出局！

所有参数绘算、装定全部正确，为什么会被"击沉"？复盘后，大家哑口无言。原来，对舰攻击时，潜艇已经有被发现的苗头，这种情况下，留给潜艇攻击的时间非常短，而攻击小组手工绘算目标要素不够熟练，浪费了宝贵时间，战机瞬间丧失。

欲想百战百胜，铁拳就不能生锈。艇领导说：心里多想想国家和民族，个人和单位那点"功名"又算得了什么，打不了胜仗才是"比天还大的事"！

"突发情况"频出，"出人意料"频现。深海之下施训苛刻一分，未来海战胜算就会多一成——把自己逼向"绝路"练"绝招"

每次演习，眼看行将落败却能"绝处逢生"；多回比武，于险局危局中却能力挽狂澜，372潜艇克敌制胜的那一招招"独门秘籍"是如何练就的？

艇领导说，不逼出点"爬墙上房"的感觉，哪能有战斗力的不断跃升？

一次，艇队党支部主动提出：这次对抗我们到浅水区去！

谁都知道，海区越宽、深度越深，才越利于潜艇保全自己、消灭对手，跑到浅水区无异于"蛟龙搁浅""虾米上滩"。党支部这样的决策不是自走"绝路"，存心让自己难堪吗？

果不其然，进入浅水区后，372潜艇因水深过浅，悬浮躲不过对手反潜编队的主动声呐，潜入海底又无法及时发起攻击，两战两败。

深海是铁拳，浅水为何成了一把"断剑"？

一次次反复对抗，终于寻到了制敌良策。随即，经过一系列"优化"的战术再次在浅水区检验，372潜艇"一箭穿心"击沉对手，探索了这种海况下的实战新路。

平时不留退路，战时才有生路。一次次自己和自己"过不去"，彰显了372潜艇从难从严施训的理念。

鱼雷攻击特定目标，是372潜艇把自己逼向"绝路"的又一次探索。

每场实兵实弹演练，都是水上水下舰艇云集，为了保证训练安全，防止误伤，鱼雷一般默认打固定目标。一次演习，有人提议，此次专打特定目标！

提议一出，一片哗然。第一，深海作战没法及时请示上级；第二，打不中浪费昂贵的鱼雷；第三，万一误伤了怎么办？

艇队党支部慎重研究后拍板：打！

首发鱼雷发射失败，艇领导做好了"检讨"的准备。没想到却得到上级表扬：接着打，这是一堂绕不过的课。未来打仗，敌人怎么可能等着让你打！

全艇官兵瞄着未来战场集智集策，奋力攻关，终于"柳暗花明又一村"，成功探索出一整套训法战法。如今，打特定目标已成为372潜艇的看家本领。

不走"绝路"，难练"绝招"。上过372潜艇的人都知道他们的一个口号：不难不施训、不险不练兵！

372潜艇每次出海都尽量选择陌生海域、不同航线，开展速潜、模拟导弹攻击、反潜攻潜等高难课目训练。与此同时，他们积极开展水下

鱼雷发射管保养（周演成／摄）

极限训练，使得潜艇下潜深度、水下待机时间均有所提升，战斗力显著增强。

正是一次次对自己苦苦相逼，让372潜艇战斗力百尺竿头更进一步，剑越磨越利，拳越挥越猛。

100−1=0，潜艇百人一杆枪、百人一条命，一人之短足可令利剑卷刃——把每名官兵都练成一把尖刀

这是一次惊心动魄的考验——

南海某海域，一场舰潜对抗演练大战开幕，372潜艇正在深海机动尾随跟踪，准备发动攻击。关键时刻，动力系统突然"趴窝"。士官陈祖军迅即使用备用电线直接供电，并正确使用电线跨接，短短2分钟，潜艇恢复动力，成功实施了攻击。

平时是专家，战时是尖刀。在372潜艇，像陈祖军这样的人才比比皆是。

一次海上训练，士官小周从某舱室经过时，听到排气通风机有异常响声，马上关机排查，发现一个叶轮已松动，他及时排除故障，消除了事故苗头。

入伍时只有初中学历的雷达技师刘军，通过刻苦钻研成为本专业骨干，先后准确判定目标220批次，被誉为"火眼金睛"。

100−1=0，是深记在372潜艇每名官兵心中的一道战斗力公式。他们深谙一个道理：一个人、一个战位的能力素质短板，足以让水下利剑卷刃。百人一杆枪，一人强不算强，个个强才是真强。

一组数据可以佐证：372潜艇每名艇员精1门专业、通2个岗位、懂3项以上技能，30多人获得电工、网络工程师等资格证书，26人获优秀士官人才奖，向兄弟单位输送各类骨干70余人……

"今天，你优秀了吗？"和兄弟艇队比，和身边战友比，没有两把"刷子"，在 372 潜艇上别想立足。艇队坚持"单兵练技能、舱室练合成、全艇练协同"，基础训练不分岗位轻重，训练考核不分干部战士，成绩低于 90 分一律回炉重训。先后有 7 名干部、5 名士官因考核不达标，被取消全训资格和暂停值更。

欲强军先强我，泥巴绝对捏不成铁拳。他们开展"两学两练"，组织官兵学装备、学技术，练操作、练指挥；制定"建功深蓝成才图"，为官兵量身定制学习计划；开办"水下尖兵大课堂"，每周组织专业学习，举办信息化知识讲座。

人才之树枝繁叶茂，托举蓝鲸远航深蓝……

（2014 年 12 月 19 日《解放军报》）

水下先锋，舍生忘死看担当

◎ 张科进　秦超　徐叶青　李唐

往无前的征程中，海军 372 潜艇偶露峥嵘，留给世人一个雄壮的剪影，而在大洋深处默默潜行，则是它的常态。

默默地，他们使命在肩，一次次冲出围追堵截，圆满完成祖国和人民托付的重任。他们舍生忘死，一次次突破训练禁区，创造中国海军的多项纪录……

不久前，他们在大洋下勇闯"鬼门关"，再次昭告：这是一群敢打硬仗的军人，这是一个能打胜仗的集体！

水下先锋，舍生忘死；为了打赢，一无所惜。军人强烈的使命担当在他们的血脉中跃动。

出海就是出征，下潜就是战斗。身处云谲波诡的南海前哨，他们心怀忧患、头脑清醒——

军人的眼睛，永远盯着未来战场

远航归来，372 潜艇成了"英雄艇"，他们第一时间不是开庆功会，而是一头扎进模拟训练中心。

一连好几天，全艇官兵拿起"放大镜""手术刀"反

潜艇破浪前行（周演成／摄）

思得失、剖析问题，对此次任务进行检讨式复盘总结，查找战斗力建设存在的短板，研究整理出针对未来作战的 10 余项训法战法。

摆脱险情有没有更好的办法？这次战胜了对手，下次就一定行吗？海上临时党委书记、任务指挥员、支队长王红理告诉记者，这次远航既面临海上重大险情，又遭遇外军舰机高强度跟踪监视，有很多值得吸取的经验教训，许多问题不研究清楚睡不着觉！

正是这种强烈的忧患意识，让 372 潜艇官兵始终保持冷静与清醒，明白肩上的重担，强敌面前头不蒙，生死面前腿不软，成为关键时刻的"定海神针"。

这份忧患意识，源于他们胸中永远有激情——

2013 年，该艇赴南海执行重大任务，在预定海区内悄悄潜伏。按计划，该艇只需潜伏在上级划定的海域就够了。然而，他们一刻也不懈怠，激情满怀地开展水下练兵、战法创新活动。用他们的话来说，这是

"搂草打兔子——两不耽误"。

10多天后，当艇队圆满完成任务凯旋时，他们再次捧出新成果：某项新战法。这一战法后来被海军推广。

这份忧患意识，源于他们的眼中永远有敌情——

372潜艇副艇长钟文告诉记者，这次任务期间，他们从离港到抵达预定海域，一路上与多批次的外军舰机进行周旋。

出海就是出征，下潜就是战斗。身处云谲波诡的南海前哨，他们的忧患是那么强烈！

"作为国家利益的守望者，没忧患，成大患。军人的眼睛，永远盯着未来战场。"

潜艇是水下杀手、国之利器，担负着特殊的使命任务。艰难抉择的时刻，他们一往无前、敢于担当——

除却使命一无所求，为了使命一无所顾

这是一个充满风险的选择。

那一年远航，372潜艇一侧浮箱的管路突然爆裂受损，官兵们几经波折终于脱险。

上浮后，时任艇长刘涛征求大家意见，官兵态度高度一致，纷纷请战：拼死也要完成任务！

简短的一句话，传递了怎样的信息？

要知道，虽然潜艇成功浮出水面，但装备受损后一时难以修复，而后续任务时间漫长、情况复杂、充满变数，挑战空前。

要知道，在潜艇即将穿越的海区，连续的台风正在洋面上等着他们，而浮力的损失让他们难以深潜躲避台风，风险巨大。

这是一个常人难解的选择。

正如一位海军领导事后所言，372潜艇即使申请返航或者等待救援，其表现也堪称优秀。此时如果向上级请示报告，应该是最合理、最保险、最安全的选项。

刘涛事后告诉记者，选择继续执行任务就意味着要承担所有责任。后果大家十分清楚，单位的成绩、个人的"功名"以及自身的安全可能都得搁上去。

为什么他们仍要迎难而上？

事后，当人们调看海上临时党委会议记录，翻阅官兵自编的《水下长城报》时，不禁泪湿衣裳。因为，在这群为国担当的"深海铁汉"心中：军人使命高于天！

在漫漫的水下征程中，这样的选择并非之一，而是唯一。

那年秋天，该艇在演练中实射某新型导弹。这一刻，上级领导的目光正盯着这片海区。

按以往惯例，他们既可以在水面打，也可以在水下打。为了保险起见，寻常的做法是选择前者，毕竟打不中不但会影响演练成绩的评定，而且在各级领导面前不仅不能"露脸"，还很"丢脸"。

怎么打？ 372潜艇不走"寻常"路，当他们航渡至目标海区后，便一个"猛子"扎进大海不见踪迹。

突然，波涛起伏的海面掀起波澜，一枚导弹喷出耀眼的火焰腾空而起，在海天之间划出一道优美的弧线，随即便降低高度掠海飞行，疾速扑向目标靶舰。

轰！一声巨响，靶舰被击穿一个大洞。这一击，打出了舰队的新纪录，也打出372潜艇的赫赫威名。

淡看"功名"、直面生死，该艇官兵心中只有一个信念：除却使命一无所求，为了使命一无所顾。

又是一次出航。誓师会上，艇长易辉的话语慷慨激昂："潜艇是水下杀手、国之利器，担负特殊的使命任务，我们绝不能辜负祖国和人民的重托！"

航迹从近海走向大洋，备战从港岸转到海上。在终日难见阳光的水下，他们枕戈待旦、如箭在弦——

国家有和平时期，军人备战不能有间隙期

"把饺子包好，晚上等我回家一起吃……"那年远航前的一天，该艇四级军士长赵满星特意给来队探亲的妻子打了个电话。

没想到，刚放下电话，艇队就接到战备拉动的命令。赵满星来不及向妻子解释，拎起战备包就钻进了潜艇。

潜艇刚刚出港不久，上级的一纸急电便发到艇上：战备拉动转战备远航。372潜艇能否经得起这样的考验？要知道，不经预先号令，直接由拉动转为远航可谓困难重重。

几十天过去，372潜艇经受住了严峻考验，创造出海军潜艇战备拉动的多项新纪录。

"在我们艇上，只有出海和准备出海两种状态。"艇政委张学东满带自豪地说，"国家有和平时期，军人备战不能有间隙期，时刻准备打仗在艇队早已成为常态。"

这种常态，在一点一滴、一人一岗中落实。

——随时准备战备值班，雷弹、药品、备品配件等一应俱全，历次抽点任务人员，均全时在位，一声令下即可驾艇出征。

——岸港仓库里，经过处理的新鲜食品始终常备，定期更换确保质量，一旦接到命令即可快速装艇。

——官兵间最引以为豪的是"执行战备远航任务有几次""发射战雷和导弹有多少枚""一年出海有多长"等经历……

2013年深秋，一场雷弹实射演练在南海某海域拉开战幕。演练中，稍纵即逝的战机出现了：攻击目标从正前方擦肩而过，位于潜艇不远处的侧后方。

艇长一声令下，全艇官兵迅即做好"紧急攻击战术"的准备。看到这一幕，跟艇的机关干部不禁捏了把冷汗：这么打一旦失手，鱼雷可能会转向攻击母艇。

如果这是打仗，如果目标是敌人，怎么办？

"打！"没有丝毫犹豫，在艇长指挥下，全艇官兵毫不手软、一剑穿心，首创舰队紧急攻潜的成功范例。

在终日难见阳光的水下，他们枕戈待旦、如箭在弦，为的是什么？走进该艇官兵的精神世界，从心尖流淌出的誓言令人震撼：只等祖国和人民一声召唤，随时准备在深海发出雷霆！

深海潜航、变幻莫测，危险无处不在，如影随形。直面生死考验，他们临危不惧、笑傲风险——

潜艇兵勇于扛"重活"，随时准备舍身报国

潜艇如入水蛟龙，1米1米下潜。

那年，潜艇深潜实验在南海某海域进行。372潜艇副艇长钟文向记者介绍，极限深潜是潜艇不得不闯的"鬼门关"。外军一艘潜艇就是在极限深潜试验中折戟，艇上100多名人员全部遇难。

官兵们的身后，无数双期盼的眼睛正盯着这里：深潜是衡量潜艇性能的一项重要指标，这次试验的宝贵数据，是我们打胜仗的重要"底数"。

100米……200米……

此时，每一米都是丈量生死的"刻度"：稍有不慎，潜艇就可能

在海水的巨大压力下，瞬间像鸡蛋一样被压爆，坠入无边的黑暗。

"全艇一片寂静，艇壁不时传来'嘎吱'作响的声音，一下下地敲打着我们的心脏。"回忆起当时的情景，时任艇长李雄仍心有余悸。

明知山有虎，偏向虎山行。全艇官兵镇定自若地在各自战位上小心操作，集中精力控制潜艇继续下潜。最终，一个常规潜艇从未到达的深度被他们踩在脚下。

前辈们创造的这个纪录，如今已成为372潜艇官兵心中的一块丰碑，被写入艇史，挂上灯箱，刻进荣誉长廊，内化成精神根植到该艇一茬茬官兵的血脉：潜艇兵勇于扛"重活"，随时准备舍身报国！

那一年，正在组织全训考核的该艇突发舱室进水危险。要不要紧急上浮，先处置危险？他们给出的答案是，一边处理险情，一边继续参考。

那一年，该艇组织大深度水下快漂试验，舵信兵王元元的快漂服与氧气管意外缠绕，被困深海进退两难。只见他从容不迫，应急自救脱险……

笑对生死！当祖国和人民最需要的时候，这便是该艇官兵最坚决、最灿烂的表情！

（2014 年 12 月 21 日《解放军报》）

矢志强军的水下先锋

◎ 解放军报评论员

沧海一声笑，浩然英雄气。

潜行深海，面对突发险情，生死存亡关头，英雄的372潜艇官兵临危不惧、处变不惊，冒死排险，凭借过硬的军事素质、顽强的战斗作风，成功处置重大险情，创造了我国乃至世界潜艇史上的奇迹。

碧海壮歌，372艇官兵用热血书写忠诚，用生命践行使命，特别讲忠诚、特别敢担当、特别有血性、特别能战斗，成为一只令敌胆寒的深海铁拳。学习他们的先进事迹，对于凝聚强军兴军的奋进力量，激励全军官兵更加坚定强军信念、自觉献身强军实践具有重大而深远的意义。

铸牢听党指挥、忠诚使命的坚定信念。"艇听我的话，我听党的话"，372潜艇官兵无论任务多么艰巨都不畏惧，闻令而动；无论挑战多么严峻从不退缩，迎难而上；无论航行多么遥远都不迷航，信念如磐。学习他们，就要像他们那样，铁心向党，自觉献身强军事业，做到平时听招呼，战时听指挥，关键时刻不含糊。

锤炼精武强能、能打胜仗的过硬本领。372潜艇官兵牢固树立打仗思想，把出航当出征、下潜当战斗，以临战的姿态、实战的标准、打仗的作风，从难从严刻苦训练，在挑战极限中锤炼本领，在深海大洋中苦练硬功。学习他们，就要像他们那样，牢固树立战斗力这个唯一的根本的标准，心怀使命，聚力打赢，努力提高实战能力，做到一声令下，召之即来、来之能战、战之必胜。

培育舍生忘死、勇于担当的军人血性。"怕死不当潜艇兵"，艇动三分险，生死一条路，372潜艇官兵骨子里蓄积着一股万难不辞、临危忘死的雄风锐气，在危机四伏的茫茫大海，他们敢于亮剑，敢打必胜。学习他们，就要像他们那样，始终保持所向披靡的豪气、舍我其谁的勇气、有我无敌的虎气，敢啃硬骨头，敢打攻坚仗，做到关键时刻能站出来，危险面前能冲上去，生死关头能豁出去。

"听党指挥、能打胜仗、作风优良"，全军官兵都应像372艇官兵那样牢记强军目标，强化使命担当，奋力开拓进取，为实现强军目标作出新的更大贡献。

（2014年12月18日《解放军报》）

图书在版编目（CIP）数据

时代楷模. 2014 / 中共中央宣传部宣传教育局编.
-- 北京 ：学习出版社，2015.1
ISBN 978-7-5147-0519-5

Ⅰ. ①时… Ⅱ. ①中… Ⅲ. ①人物－先进事迹－中国
－现代 Ⅳ. ①K820.7

中国版本图书馆CIP数据核字(2015)第010741号

时代楷模·2014

SHIDAI KAIMO 2014

中共中央宣传部宣传教育局　编

责任编辑：吴保平
技术编辑：周媛卿

出版发行：学习出版社
　　　　　北京市崇外大街11号新成文化大厦B座11层（100062）
　　　　　010-66063020　010-66061634　010-66061646
网　　址：http://www.xuexiph.cn
经　　销：新华书店
印　　刷：北京市密东印刷有限公司

开　　本：710毫米×1000毫米　1/16
印　　张：17
字　　数：219千字
版次印次：2015年1月第1版　2015年1月第1次印刷

书　　号：ISBN 978-7-5147-0519-5
定　　价：38.00元

如有印装错误请与本社联系调换